Selbstoptimierung
bis zur Erschöpfung

Der *Arbeitskreis Frauengesundheit in Medizin, Psychotherapie und Gesellschaft (AKF) e.V.* setzt sich seit mehr als 20 Jahren für Frauengesundheit ein. Wir danken dem Bundesministerium für Familie, Senioren, Frauen und Jugend für die Förderung der Tagung. Die Finanzierung des Tagungsbandes wurde möglich durch Spenden aus der Vorbereitungsgruppe.

AKF e.V.
vertreten durch Maria J. Beckermann, Ingrid Broch,
Antonie Danz, Gabriele Grabolle, Anne Gutzmann,
Monika Heffinger, Romy Herzberg
mit der Frauenberatungsstelle FrauenLeben in Köln,
Fritzi Wild (Hrsg_innen)

Selbstoptimierung bis zur Erschöpfung – Widerstandskraft und psychische Gesundheit von Frauen

Beiträge der 21. Jahrestagung
des Arbeitskreis Frauengesundheit
in Medizin, Psychotherapie und Gesellschaft
(AKF) e.V.

Mabuse-Verlag
Frankfurt am Main

Bibliografische Information der Deutschen Nationalbibliothek

Die Deutsche Nationalbibliothek verzeichnet diese Publikation in der Deutschen Nationalbibliografie; detaillierte bibliografische Angaben sind im Internet unter *http://dnb.d-nb.de* abrufbar.

Informationen zu unserem gesamten Programm, unseren AutorInnen und zum Verlag finden Sie unter: *www.mabuse-verlag.de*.

© 2015 Mabuse-Verlag GmbH
Kasseler Straße 1a
60486 Frankfurt am Main
Tel.: 069-70 79 96-13
Fax: 069-70 41 52
verlag@mabuse-verlag.de
www.mabuse-verlag.de
www.facebook.com/mabuseverlag

Transkription und Text: Erika Feyerabend
Fotos: Christel Becker-Rau
Satz und Gestaltung: Tischewski & Tischewski, Marburg
Umschlaggestaltung: Marion Ullrich, Frankfurt am Main
Umschlagbild: Ursula Groten

Druck: CPI books GmbH, Leck
ISBN: 978-3-86321-280-3
Printed in Germany
Alle Rechte vorbehalten

INHALT

Eröffnung der AKF-Jahrestagung
  – *Maria Beckermann* 7
Grußwort des Bundesministeriums für Familie,
  Senioren, Frauen und Jugend
  – *Angelika Diggins-Rösner* 17

Hauptvorträge

Resilienz – das Geheimnis der psychischen Widerstandskraft.
  Was macht uns stark gegen Stress,
  Depression und Burn-out?
  – *Christina Berndt* 25
„Selbstoptimierung" und „Schönheitswahn" –
  Ursachen und Wirkungen komplexer
  Leistungsanforderungen an Frauen
  – *Susanne Ihsen* 37
Keine Entwicklung ohne Widerstandskraft –
  Salutogenetische Dialoge und Vorstellung der Arbeit
  der Frauenberatungsstelle FrauenLeben Köln e.V.
  – *Romy Herzberg und Stephanie Lange* 63
Seinlassen. Formen und
  Dimensionen „negativer" Performance
  – *Alice Lagaay* 79

Workshops

Visitenkarten-Party 103
Psychische Gesundheit aus biologischer Sicht.
  Vertiefung der Erkenntnisse aus der Epigenetik
  – *Vanessa Lux* 109

Aikido üben – Widerstandskraft körperlich,
geistig und seelisch erfahren und fördern
– *Margret Schnetgöke und Rosmarie Scheibler* 129

„Die Frau lebt nicht vom Brot allein" –
Achtsamkeit rund um Essen und Ernährung
– *Antonie Danz* 141

Humor als Mittel zur Resilienzförderung
– *Ingrid Broch und Hanne Müller* 147

Mobbing als strukturelle Gewalt gegen
Frauen in Heilberufen – Keine Angst vor Mobbing,
Strategien zur Selbstbehauptung
– *Monika Heffinger und Anka Kampka* 153

Interkultur als Ressource
– *Birgit Heidtke* 171

Achtsame Organisationskultur©
– *Maria Zemp* 183

Podiumsdiskussion

Was ändert sich? Ändert es was? –
Was bedeutet die zunehmende Verordnung
von Psychopharmaka?
– *Podiumsdiskussion mit Petra Thürmann,
Anke Rohde, Dagmar Hertle, Rike Schulz
und Erika Feyerabend. Moderation: Ulrike Hauffe* 201

Schlussworte: Bilanz der Tagung
– *Dagmar Hertle* 237

Eröffnung der AKF-Jahrestagung

Dr. med. Maria J. Beckermann

Sehr geehrte Frau Diggins-Rösner vom Bundesministerium
für Familie, Senioren, Frauen und Jugend,
sehr geehrte Referentinnen, liebe Vorbereitungsgruppe,
liebe AKF-Frauen, liebe Gäste!

Ich begrüße Sie alle ganz herzlich und freue mich, dass so viele interessierte Frauen unserer Einladung zur Tagung gefolgt sind. Ich habe 1000 Gründe, Dank zu sagen, und beginnen möchte ich bei Ihnen, Frau Diggins-Rösner aus dem Bundesministerium für Familie, Senioren, Frauen und Jugend.

Sie haben unsere AKF-Tagungen seit vielen Jahren durch Ihre Förderung ermöglicht und -zig Mal die Grußworte des Familienministeriums gesprochen. Sie sind danach aber nicht gegangen, sondern haben die ganze Tagung mitgemacht. Wir haben darin ein Interesse an Frauengesundheitsthemen gesehen, welches weit über Ihre berufliche Verpflichtung hinausgeht. Ihr persönliches Engagement hat zu einem Vertrauensverhältnis mit dem AKF geführt, worauf wir nur schwer verzichten können. Deswegen haben wir Sie auch bekniet, in diesem Jahr noch einmal die Grußworte zu sprechen, obwohl Sie durch Umstrukturierung im Ministerium gar nicht mehr dafür zuständig sind, und obwohl Sie am Ende dieses Jahres in Pension gehen werden. Ehrlich gesagt wollten wir uns die Chance nicht entgehen lassen, Ihnen eine kleine Erinnerung an den AKF und ein persönliches Dankeschön zukommen zu lassen.

Ich möchte Ihnen hiermit die AKF-Schlange überreichen, ein Symbol, das Ingrid Olbricht weisen Frauen gewidmet hat, die sich im Rahmen des AKF um die Frauengesundheit verdient gemacht haben.

Wir danken Ihnen im Namen des AKF für Ihr Interesse, Ihren Einsatz und Ihre Förderung, und wir wünschen Ihnen von Herzen eine lebensfrohe, freie Zeit nach dem Berufsleben. Wenn Sie Lust haben, sich auch weiterhin für Frauengesundheit zu engagieren, steht Ihnen der AKF immer offen.

Es ist das erste Mal, dass die AKF-Jahrestagung in Köln stattfindet, meistens wird sie in Berlin ausgerichtet oder auch in der Mitte Deutschlands, z. B. in Kassel.

Für mich persönlich hat die Tagung hier in Köln eine besondere und doppelte Bedeutung. Zum einen markiert sie das Ende meiner Zeit als Erste Vorsitzende im AKF. Ich habe diese Aufgabe jetzt sechs Jahre lang ausgefüllt. Zusammen mit großartigen Vorstandsfrauen konnten wir im AKF so viel bewegen, erneuern, gestalten und bewirken, dass ich sehr dankbar bin für diese Zeit und die wertvollen Erfahrungen. Ich bin seit mehr als 20 Jahren Mitglied im AKF und habe persönlich und beruflich unendlich profitiert von den Beziehungen unter uns AKF-Kolleginnen. Deswegen werde ich mich auch in Zukunft für den AKF engagieren, aber eher vom „backstage".

Zum anderen war Köln 33 Jahre lang der Ort meines beruflichen Wirkens. Wenn ich jetzt hier im Saal in so viele freundliche Gesichter schaue, die mir teils aus dem AKF und teils aus meiner ärztlichen Tätigkeit in Köln bekannt sind, dann wird für mich ein Lebensabschnitt richtig rund.

Dafür danke ich der Kölner Vorbereitungsgruppe, allen voran meiner langjährigen Freundin und Kollegin Anne Gutzmann, die die Tagung auf der AKF-Mitgliederversammlung 2012 zusammen mit Ingrid Broch, Romy Herzberg, Gabriele Grabolle, Fritzi Wild und Monika Heffinger nach Köln geholt hat. Hier sind Antonie

Eröffnung der AKF-Jahrestagung

Danz und Margret Schnetgöke dazugekommen. Wir haben besonders von der Frauenberatungsstelle FrauenLeben profitiert, weil die Mitarbeiterinnen sich nicht nur inhaltlich viele Gedanken gemacht haben, sondern auch hier in der Region so gut vernetzte Strukturen haben, dass wir die richtigen Leute erreichen konnten, nämlich Sie, die Sie unserer Einladung gefolgt sind. Denn anders als in Berlin ist der AKF hier in der Kölner Region bisher kaum bekannt. Auch anders als sonst hat die Vorbereitungsgruppe die Tagung nicht nur inhaltlich gestaltet, sondern auch einen Großteil hier vor Ort organisiert.

Wir würden uns besonders freuen, wenn wir nicht nur gemeinsam tagen, sondern auch zusammen feiern könnten und laden Sie deswegen ganz herzlich zum Frauenfest heute Abend im Maybach ein.

Zum Gelingen der Tagung trägt wesentlich das Orga-Team bei, das sind zum einen Margrit Hille aus der Geschäftsstelle, die ich Ihnen hier gerne vorstellen möchte, sowie Astrid Rademacher, Silke Möller und Kaja Gutzen, die Sie vorne am Tagungscounter gesehen haben. Sie sind ansprechbar für alle Fragen und Anliegen und helfen Ihnen gerne. Vielen Dank dafür.

Und last, not least ein großes Dankeschön an meine Frau Fritzi Wild. Sie hat die Vorbereitungen der Jahrestagung 100% mit mir getragen. Sie hat nicht nur so viele kluge Ideen eingebracht, sondern auch umgesetzt. Zum Beispiel hat sie die tolle Tagungswebsite erstellt mit der Möglichkeit zur online-Anmeldung und auch zur Bildung von Fahrgemeinschaften, was jetzt sehr wichtig wurde. Als Informatikerin hat sie auf den Namenskärtchen total viele Informationen untergebracht, so als wäre es ein kleiner Chip, und Sie sind jetzt für uns alle „gläserne" Teilnehmerinnen. Die Zusammenarbeit mit Dir hat viel Spaß gemacht, Fritzi, und dafür herzlichen Dank.

Jetzt möchte ich noch einige organisatorische Hinweise geben. Die Zuordnung zu den Workshops und die Raumverteilung finden Sie auf der Stellwand am Tagungscounter.

In der Mittagspause findet heute von 14.30 Uhr bis 15.30 Uhr die Visitenkarten-Party statt. Diese Idee hat Ingrid Broch eingebracht. Es ist eine Möglichkeit, zu speziellen Themen mit anderen Frauen in Kontakt zu kommen. Die Themen sind auch vorne angeschlagen. Es gibt auch noch freie Stellwände für Themen, die von Ihnen aus dem Teilnehmerinnenkreis kommen. Also wenn Sie eine Gruppe suchen zu Ihrem Thema – hier ist die Gelegenheit. Interessierte Frauen können persönlich ins Foyer zu den Stellwänden kommen oder aber einfach ihre Visitenkarte an die Stellwand pinnen, dann werden sie nach der Tagung angeschrieben. Es haben sich schon einige Themen angesammelt.

Jetzt komme ich zum Tagungsthema: „Selbstoptimierung bis

zur Erschöpfung – Widerstandskraft und psychische Gesundheit von Frauen".

Alle Themen, die in dem Titel stecken, haben viel zu tun mit dem Alltagslebensleben von Frauen heute. Das habe ich gemerkt, denn – wie Sie sich denken können – habe ich im Vorfeld vielen Frauen über die Tagung erzählt und das Thema genannt. Es war verblüffend: Alle wussten sofort, worum es geht, und alle brachten das Thema sofort mit ihrer Lebenssituation in Verbindung, besonders die jüngeren Frauen, die noch im Berufsleben stehen.

Ich habe zur Einstimmung ganz zusammenhanglos einige Gedanken ausgewählt, die mir an dieser Stelle wichtig erscheinen.

Psychische Gesundheit von Frauen: Es werden immer wieder die Gender-Aspekte benannt, also dass Frauen häufiger psychische Diagnosen bekommen und bei ihnen mehr Psychopharmaka verordnet werden als bei Männern. Oft werden dann der weibliche Körper oder weibliche Lebensphasen dafür verantwortlich gemacht, z. B. die Hormone in den Wechseljahren oder im Wochenbett. Geschlechtsspezifische Verhaltensweisen, z. B. dass Frauen eher über ihre Probleme reden als Männer und häufiger zu ÄrztInnen gehen, werden benutzt, um die Schuld den Frauen zuzuschieben in dem Sinne: „Wenn ihr nicht so oft zum Arzt gehen würdet, hättet ihr auch nicht so viele Diagnosen."

Ich finde das ziemlich perfide, denn was nicht benannt wird, sind die ungünstigen sozialen Situationen, die Frauen sehr viel häufiger treffen als Männer. Dabei ist erwiesen, dass z. B. Einkommensverhältnisse und Sozialstatus großen Einfluss haben auf die psychische Gesundheit. Wenn wir bedenken, dass der Durchschnitt der Frauen einen niedrigeren Sozialstatus und ein geringeres Einkommen hat als Männer, dass viele Frauen, z. B. Alleinerziehende, in prekären Situationen leben, dass deutlich mehr ältere Frauen als Männer von Armut bedroht sind – nämlich 30% – dann hat das herzlich wenig zu tun mit der weiblichen Biologie, aber umso mehr mit der gesellschaftlichen Realität von Frauen.

Eine weitere soziale Bedingung psychischer Gesundheit bzw. Krankheit sind Gewalterfahrungen, aber auch bereits das erhöhte Gewaltrisiko, mit dem alle Frauen allein aufgrund ihres Geschlechts im privaten und im öffentlichen Raum leben müssen.

Meines Erachtens müssen wir aufpassen, dass die Gender-Diskussion nicht als Feigenblatt benutzt wird, um die zunehmende soziale Ungleichheit in unserem Lande zu kaschieren.

Selbstoptimierung: Wir alle sind ständig mehr oder weniger mit Selbstoptimierung beschäftigt. Wir orientieren uns derzeit an einer Schönheitsnorm, die eine Fiktion von „natürlicher Weiblichkeit" ist. Alles soll ganz natürlich aussehen und ist in Wirklichkeit vollständig künstlich: ein unbehaarter Körper, ein faltenloses Gesicht, gefärbte Haare und makellose Zähne. Alles soll ganz weiblich aussehen, dabei ist Weiblichkeit ein Konstrukt, welches sich aus hochgepresster praller Brust, schlanker Taille, langen Haaren, rasierter Scham, hochhackigen Schuhen und pink-farbenem Outfit zusammensetzt – eine neue Form des Sexismus: die „Youthitude" und die „Girlisation".

Die Zu- und Herrichtung erfordert viel Zeit, ist teuer, tut auch mal weh, und sie ist zwingend: Frauen, die sich der Schönheitsnorm – mehr oder weniger freiwillig – widersetzen, haben es nicht leicht. Wenn sie Haare an der falschen Körperstelle haben, werden sie schief angesehen, wenn sie keinen BH tragen, gelten sie als ungepflegt, und wenn die Zähne schief, vergilbt oder lückenhaft sind, hält man sie für „Asoziale".

Gerne lästern wir aber auch über die anderen – die, die sich „auftussen" und operieren lassen. Dabei unterwerfen wir uns dem Zwang zur Schönheit (fast) alle. Wir begründen unsere Anstrengungen eher mit Gesundheitsmotiven: Wir joggen um fit zu sein, ernähren uns gesund. Das hört sich wertvoller an als der pure Wunsch schön zu sein. Aber was bestimmt unser Selbstbewusstsein mehr, die Schönheit oder die Gesundheit? Wie leicht sind wir bereit, die Gesundheit zu ruinieren, um schön zu sein? Das ist also ein ganz schön kompliziertes und sehr ambivalentes Verhältnis, was wir zumindest zur körperlichen Selbstoptimierung haben, und ich freue mich sehr auf den Vortrag von Prof. Susanne Ihsen, die die Verwirrung vielleicht etwas auflösen kann.

Erschöpfung: Mich haben die Gespräche im Vorfeld der Tagung nachdenklich gemacht, manchmal hat mich das Ausmaß der Erschöpfung bei Frauen erschüttert, aber auch die flächendeckende Verbreitung, so dass Erschöpfung als ganz normal und nicht als potentiell krankhafter Zustand wahrgenommen wird. Eine Frau, die sich outet: „Ich bin so erschöpft, ich kann nicht mehr", bekommt zur Antwort: „Das geht mir auch so". So läuft ihr Hilferuf ins Leere. Es kommt mir vor, als reise bei Frauen die drohende Erschöpfung immer im Handgepäck mit.

Eine Kollegin erzählte nach einem Burn-out, dass sie trotz zunehmender Personalknappheit und kürzerer Behandlungsdauer der PatientInnen immer versucht hätte, dieselben guten Ergebnisse zu erzielen wie früher. Sie sei davon ausgegangen, wenn sie sich nur genügend anstrenge, wäre das möglich – bis sie zusammengebrochen sei.

Die politische Schlussfolgerung ist, das subjektive Gefühl der Überforderung nicht länger zu individualisieren. Wir dürfen nicht sagen: „Ich kann den ganzen Anforderungen nicht gerecht werden, weil ich zu schwach, zu unorganisiert, zu träge oder zu langsam bin", sondern wir müssen sagen: „Ich schaffe es nicht, weil es objektiv zu viel ist. Basta!"

Ein Lichtblick sind für mich die jungen Familien, in denen Männer mehr Hausarbeit und Erziehungsverantwortung übernehmen. Noch bedeutet das nicht unbedingt weniger Stress für alle Beteiligten. Und bis sich daraus strukturelle Veränderungen entwickeln, braucht es mehrere Generationen. Aber es ist die richtige Richtung.

Ein anderer Lichtblick sind für mich politische Netzwerke von Frauen, z. B. das „Netzwerk Care Revolution", die eine andere Bewertung der Sorgearbeit fordern, sei es im privaten Bereich oder in den sogenannten Care-Berufen. Da haben wir es mit fast reinen Frauenberufen zu tun, alle unterbezahlt, teils ausbeuterisch, und sie unterliegen anderen Gesetzmäßigkeiten als Industrieberufe, die streiken können, wie z. B. die Lokführer und die Piloten. In Care-Berufen gibt es andere Hemmschwellen, unter anderem, weil die Gesundheit oder gar das Leben der Betroffenen von der Sorgearbeit abhängig sind. Diese Netzwerke greifen eine politische Bewegung auf, für die Feministinnen seit mehr als einem Jahrhundert kämpfen. Ich freue mich, wenn ich sehe, dass der Kampf um mehr Geschlechtergerechtigkeit weitergeht.

Widerstandskraft: Zu diesem Thema habe ich Ihnen ein

Plakat mitgebracht, das mir eine Künstlerin, Ursula Groten, 1984 zu meiner Praxiseröffnung gemalt hat. Es changiert immer so ein bisschen zwischen Widerstand und Verweigerung – das hat mich 25 Jahre begleitet. Die Ausführungen zu dem Thema überlasse ich gleich Frau Dr. Christina Berndt in ihrem Eröffnungsvortrag.

Ich wünsche Ihnen heute und morgen viele Erkenntnisse, dass Sie von Begegnungen animiert und von Inspirationen beflügelt werden und die Tagung in Gelassenheit genießen können.

> Zur Person
> Dr. med. Maria J. Beckermann, als Ärztin tätig 1977 bis 2010, Frauenärztin mit Zusatzbezeichnung Psychotherapie, Sexualtherapie, Psychosoziale Onkologie. 25 Jahre in gynäkologischer Gemeinschaftspraxis mit psychosomatischem Schwerpunkt in Köln. Mitbegründerin (1991) und Vorstandsmitglied der Frauenberatungsstelle *Frauen-Leben* in Köln. Mitherausgeberin und Autorin des Frauenfachbuches „Frauen-Heilkunde und Geburts-Hilfe" (2004), Kurse der Psychosomatischen Grundversorgung für Ärzt_innen am Universitätsklinikum Bonn (seit 2010) und in Kooperation mit der Universitätsklinik Freiburg am Beijing Union Medical College Hospital (2012 und 2013), Fachautorin und -referentin, Erste Vorsitzende des AKF 2008 bis 2014, Beirätin der DGPFG (Deutsche Gesellschaft für Psychosomatik in der Frauenheilkunde und Geburtshilfe) seit 2006.

Grusswort des Bundesministeriums für Familie, Senioren, Frauen und Jugend

Angelika Diggins-Rösner

Sehr geehrter Frau Dr. Beckermann,
sehr geehrte Vorbereitungsgruppe,
liebes Publikum, liebe AKF-Frauen,

zunächst einmal herzlichen Dank für die Einladung, für den herzlichen Empfang und die netten Dankesworte. Ich weiß das sehr zu schätzen – wenn auch ein bisschen überbewertet. Aber ich habe mich sehr gefreut und werde die Schlange in Ehren tragen. Ich kann mich noch gut erinnern an Schlangen, die in Bad Salzuflen in Grün auf der Bühne lagen. Sie sind verschwunden. Leider ist es Frau Ministerin Schwesig und auch Frau Augstein aus terminlichen Gründen nicht möglich hier zu sein, aber beide haben mich sehr gebeten, die besten Wünsche für diese Tagung auszurichten. Besonders von Frau Augstein, die auch Ende des Jahres in den wohlverdienten Ruhestand geht und Ihnen immer sehr verbunden war.

Gleichzeitig ist es unserem Ministerium ein ausdrückliches Anliegen, dem AKF seine Anerkennung auszusprechen für die immer engagierte und an neuen Herausforderungen orientierte Arbeit. Wir schätzen Ihre Arbeit sehr. Die Liste unserer gemeinsamen Maßnahmen für die Frauengesundheit ist dementsprechend lang und erfolgreich. Dabei denke ich auch an Maßnahmen, die von der Bundeszentrale für gesundheitliche Aufklärung gefördert wurden, wie die hervorragende Tagung zur Senkung der Kaiserschnittrate in diesem Jahr.

Mir persönlich liegt es heute auch am Herzen, Ihnen zu danken für die lange, konstruktive und äußerst vertrauensvolle Zusammenarbeit, mit wechselnden Vorstandsfrauen, die ich in fast zwanzig Jahren an den verschiedenen Tagungsorten habe kennenlernen können. In Köln sind wir das erste Mal – dieser schöne Blick ins Grüne, wunderbar. Ich habe immer gerne mit Ihnen zusammengearbeitet und die Teilnahme an Ihren Tagungen war für mich mehr als ein Pflichttermin. Es ist Ihnen Jahr für Jahr gelungen, spannende und richtungsweisende Veranstaltungen auszurichten, mit Vorträgen auf hohem Niveau, mit exzellenten Referentinnen und vielen offenen, lebhaften Diskussionen. Ich habe deswegen immer profitiert von Ihren Tagungen, sowohl beruflich als auch persönlich.

Das Thema, das Sie sich in diesem Jahr zum Motto Ihrer Tagung genommen haben, kann viele persönlich betreffen: „Selbstoptimierung bis zur Erschöpfung – Widerstandskraft und psychische Gesundheit von Frauen". Mit diesem Thema wird der Fokus gelegt auf den Zusammenhang zwischen der Zunahme psychischer Belastungen, Erschöpfungszuständen, Burn-out und den gesellschaftlichen Entwicklungen. Beeinträchtigungen der psychischen Gesundheit sind nicht selten. Im Laufe eines Jahres durchleben etwa neun Prozent der Frauen und fünf Prozent der Männer in Deutschland eine Depression oder eine depressive Verstimmung, die entsprechend diagnostiziert wird. Sie werden das Thema der Diagnostik ja noch beleuchten. Aktuelle Daten zur psychischen Gesundheit wurden unlängst auf der Tagung der Bundeszentrale für Gesundheitliche Aufklärung beim Frauengesundheitskongress unter dem Motto „Frauengesundheit 2014" informiert, aktiv und bewegt vorgetragen. Deutlich wurde, dass es besonders belastete, vulnerable Phasen im Leben von Frauen gibt, Situationen mit besonderen Herausforderungen, denen sie gegenüberstehen. Vor

Grußwort des BMFSFJ

allem die sogenannten Umbruchphasen sind durch Belastungen für die Gesundheit geprägt. Die Kumulation von Risikokonstellationen kann die Gesundheitschancen von Frauen erheblich beeinträchtigen. Ein Aspekt sind die komplexen, teilweise widersprüchlichen Anforderungen an das Leben von Frauen in unserer Zeit. Es gilt beruflich erfolgreich zu sein. Familiäre Herausforderungen sind zu meistern, dazu noch attraktiv, sportlich, kulturell interessiert usw. zu sein – Selbstoptimierung bis zur Erschöpfung.

Sie werden sich heute unter anderem damit beschäftigen, wie die Widerstandskraft gefördert werden und so etwas wie die „Hornhaut" für die Seele aufgebaut werden kann. Das ist ein wichtiger Aspekt, der vor allem auf individueller Ebene ansetzt und wichtig ist für unsere tägliche Arbeit, aber auch für den Umgang mit uns selbst. Gleichzeitig müssen wir zur Verbesserung der gesundheitlichen Chancengleichheit aber auch Verhältnisse in den Blick nehmen. Es geht um gesellschaftliche Verhältnisse, die ermöglichen, dass Lebensentwürfe von Menschen realisiert werden können so wie sie es wünschen, und ohne dass der Umgang mit den verschiedenen Belastungen des modernen Lebens mit Stress bis zum Burn-out die Gesundheit zu sehr schädigt. Hier besteht politischer Handlungsbedarf, auch für die Gleichstellungspolitik des Bundesfamilienministeriums.

Ein Ansatz, den ich heute exemplarisch herausgreifen möchte, ist die Verbesserung der Vereinbarkeit von Familie und Beruf sowohl für Männer als auch für Frauen. Ein Problem ist, dass die Rollenverteilung zwischen Männern und Frauen in weiten Teilen noch nicht so funktioniert, wie es wünschenswert wäre. Was die Vereinbarkeit von Familie und Beruf angeht, liegen Realität und Wunschvorstellungen junger Menschen ziemlich weit voneinander entfernt. Das, was junge Menschen heute wollen, ist eine partnerschaftliche Aufteilung der Aufgaben in Familie und Beruf. Gut 60 Prozent der Eltern mit Kindern zwischen ein und drei Jahren befürworten ein derartiges Lebensmodell, aber nur 14 Prozent gelingt es, das umzusetzen. Dazu hat Frau Ministerin Schwesig eine Debatte um eine Familienarbeitszeit angestoßen. Damit soll es langfristig möglich werden, dass beide Eltern nach der Geburt ihres Kindes ihre Arbeitsstunden anpassen können. Gerade für die Frauen, die heute meist diejenigen sind, die stärker reduzieren, würde sich dies positiv auswirken – auch längerfristig bis hin zur Frage der Altersversorgung. Die Altersversorgung ist ein Bereich für Frauen, der Probleme macht. Wenn die häufig prekäre finanzielle Situation älterer Frauen verbessert werden könnte, dann wirkt sich das positiv auf ihre psychische Gesundheit aus.

Es geht aber nicht nur um flexible Arbeitszeiten, sondern auch um berufliche Entwicklungschancen, um gute Arbeit und gute Entlohnung für Frauen und Männer, um ein betriebliches Arbeitsklima, das Fürsorgeaufgaben von Männern und Frauen anerkennt und unterstützt. Der erste Schritt auf dem Weg zu einer Familienarbeitszeit wurde mit dem „Elterngeld plus" beschritten. Die Regelung soll am 1. Juli 2015 in Kraft treten und wurde gerade gestern vom Deutschen Bundestag verabschiedet. Damit haben Eltern schon in der frühen Familienphase die Möglichkeit, in eine partnerschaftliche Aufteilung hineinzufinden. Wer Teilzeit in Elternzeit arbeitet, bekommt künftig doppelt so lange Elterngeld in halber Höhe und kann den gesamten Anspruch ausschöpfen. Wenn sowohl Väter als auch Mütter Teilzeit 25-30 Wochenstunden arbeiten und sich gemeinsam um das Kind kümmern, soll es darüber hinaus noch einen Partnerschaftsbonus geben. Angegangen werden muss auch der Anspruch auf eine befristete Teilzeit. Mehr Partnerschaftlichkeit in Beruf und Familie kann nur erreicht werden, wenn der Schritt von der Vollzeit in die Teilzeit keine rechtliche Einbahnstraße ist. Ebenso wichtig wie die gesetzlichen Maßnahmen ist ein Mentalitätswandel in den Unternehmen. Auch die obersten Chefetagen müssen begreifen: familienfreundliche Arbeitsbedingungen zu schaffen und damit eine partnerschaftliche Aufgabenteilung in Beruf und Familie zu ermöglichen, ist keine soziale Wohltat sondern eine Investition, die sich auszahlt. Tatsächlich mangelt es aber in Gesellschaft und Wirtschaft nach wie vor an Unterstützung für die von immer mehr Männern angestrebte Vaterrolle. Eine Aufgabe für die Gleichstellungspolitik ist es daher, Mut zur individuellen Lebensplanung jenseits tradierter Rollenbilder zu fördern. Moderne Gleichstellungspolitik nimmt daher Männer und Frauen gleichermaßen in den Blick.

Das schließt natürlich gezielte Maßnahmen für Frauen nicht aus. Ein wichtiges Thema mit dem wir uns seit vielen Jahren befassen, ist die häusliche Gewalt. Wir haben dabei den Blick auf besonders vulnerable Gruppen von Frauen gerichtet, Frauen mit Behinderungen, aber auch Frauen mit psychischen Erkrankungen.

Wir haben unlängst eine Sekundäranalyse veröffentlicht zur Lebenssituation von Frauen in Einrichtungen. Es geht sowohl um Frauen mit kognitiven Beeinträchtigungen als auch um Frauen mit psychischen Erkrankungen. Die Studie kann von der Homepage des Ministeriums heruntergeladen werden. Unterstützung brauchen Frauen aber auch in besonderen Krisen. Dazu hat das Bundesfamilienministerium im Mai dieses Jahres das Hilfetelefon „Schwangere in Not" eingerichtet. Das ist ein besonders niedrigschwelliges Angebot für Schwangere in extremen Notlagen, das auch Krisenintervention leisten kann. Qualifizierte Beraterinnen stehen rund um die Uhr für eine psychosoziale Erstberatung zur Verfügung. Das neue Angebot ist kostenlos und barrierefrei. Die Anrufzahlen des ersten Halbjahres zeigen, dass das Hilfetelefon gut angenommen wird und die verschiedenen Zielgruppen erreicht. Es wird Aufgabe der Politik bleiben, passgenaue Angebote für besonders belastete Menschen zu schaffen, um sie in schwierigen Lebensphasen zu unterstützen. Ebenso ist es Aufgabe der Politik, gesellschaftliche Rahmenbedingungen etwa zur Verbesserung der Work-Life-Balance zu schaffen, um gleichberechtigte Chancen für alle Lebensgruppen in ihrer Vielfalt zu ermöglichen und so einen Beitrag zu liefern zur Gesundheitsförderung und zur gesundheitlichen Prävention von Frauen und Männern.

Politik braucht immer kompetente Mitstreiter und Mitstreiterinnen, darum brauchen wir auch Sie. Bleiben Sie so engagiert und mischen Sie sich ein, wenn es um die Gesundheit von Frauen geht. In diesem Sinne wünsche ich dem AKF viel Erfolg für die heutige Tagung und für die weitere Zukunft. Vielleicht ergibt sich ja die ein oder andere Gelegenheit sich wieder zu treffen. Aber im Moment, wenn mich jemand fragt, was machen Sie denn, wenn Sie jetzt aufhören, dann sage ich: Nichts. Die Frage kommt vornehmlich von Männern, die sich offensichtlich nicht vorstellen können, dass man einfach zufrieden sein kann, ohne einen ständigen Plan und ohne diese gerade für Frauen doch immer präsente Selbstoptimierung bis zur Erschöpfung. Ich werde mich erst einmal ausruhen und dann schauen, was da so kommt. Jetzt wünsche ich uns allen eine spannende Tagung, lebhafte Diskussionen und vor allem gute Ergebnisse für die berufliche Tätigkeit und das eigene Leben.

Vielen Dank!

Resilienz – das Geheimnis der psychischen Widerstandskraft. Was macht uns stark gegen Stress, Depression und Burn-out?

Dr. rer. nat. Christina Berndt

(Der Titel des Referates liegt dem gleichnamigen Buch von Christina Berndt zugrunde. Die Referentin hat uns den nachfolgenden Text für die Dokumentation überlassen.)

Niemand hätte der jungen Frau aus Wien zugetraut, dass sie einmal wieder glücklich sein würde. Als Natascha Kampusch kurz nach ihrer Flucht im Fernsehen auftrat, machte sie die Zuschauer sprachlos. Ein hilfloses Opfer hatten sie erwartet, das nach acht Jahren in der Gewalt eines Entführers gebrochen wirkt. Stattdessen präsentierte sich eine selbstbewusste junge Frau, die in ihrem Innersten unversehrt zu sein schien.

Wie kann es sein, dass jemand ein solches Martyrium übersteht, während andere Menschen schon nach viel kleineren Schicksalsschlägen den Lebensmut verlieren? Weshalb sprudelt ein Unternehmer nach dem Bankrott seiner Firma wieder vor neuen Ideen, während sich ein anderer aufgibt? Warum nagt ein falscher Satz eines Kollegen an dem einen drei Tage lang, während der andere ihn kaum hört? Weshalb landet einer am Ende einer großen Liebe im Suff, während der andere bald neuen Sinn im Leben findet? Die Frage, was uns stark macht, beschäftigt Psychologen derzeit sehr. Ganz offensichtlich gibt es Zeitgenossen, die wie Felsen in der Brandung kaum zu erschüttern sind. Von ihnen möchten alle gerne lernen.

Viel zu lange haben sich Psychologen nur mit den Abgründen der Seele befasst, haben erkundet, wie Wahnvorstellungen, Depression und Panikattacken entstehen, bis sich einzelne Abtrünnige der Positiven Psychologie zuwandten. Sie wollen die Strategien erkunden, mit denen sich die Lebenstüchtigen durch Krisen manövrieren, und die Ressourcen finden, die sie dafür bereithalten.

Einen Teil dieses Geheimnisses hat Willy Brandt einmal kurz und knapp verraten: „Es gibt kaum hoffnungslose Situationen, solange man sie nicht als solche akzeptiert", sagte er in hohem Alter. Das gehänselte, vaterlose Kind, der Flüchtling, der Mann aus dem Untergrund, der es später zum Bundeskanzler und Friedensnobelpreisträger brachte, verriet unmissverständlich: Die Starken, die Stehaufmännchen finden einen Ausweg. Sie haben die Kraft, Licht am Horizont zu sehen, wo es anderen aussichtslos erscheint. Sie wissen genau, was sie als nächstes tun werden, wenn andere planlos sind. Resilienz nennen Psychologen das, die Kraft, aus einer deprimierenden Situation wieder ins volle Leben zurückzukehren.

Was sie so stark macht, wissen die Starken oft selbst nicht. Umso mehr mühen sich Wissenschaftler, das Geheimnis ihrer Stärken zu ergründen. Und Forschungsergebnisse nicht nur aus der Psychologie, sondern zunehmend auch aus der Neurobiologie und Genetik haben zum Verständnis der psychischen Widerstandskraft erheblich beigetragen.

Die Ursprünge der Resilienzforschung gehen in die 1950er-Jahre zurück. Damals begann die amerikanische Entwicklungspsychologin Emmy Werner eine Studie auf der hawaiianischen Insel Kauai. Vier Jahrzehnte lang beobachtete Werner dort 698 Jungen und Mädchen. Deren Chancen auf ein schönes Leben standen alles andere als gut. Armut, Vernachlässigung, Misshandlung prägten ihre Kindheit. Nicht selten waren die Ehen der Eltern zerrüttet, Geld fehlte immer, viele Väter waren süchtig nach Alkohol.

Ein Drittel dieser Kinder aber wuchs trotz der schwierigen Umstände zu selbstbewussten, fürsorglichen und leistungsfähigen Erwachsenen heran, die im Beruf wie in persönlichen Beziehungen bestanden. Das Besondere an Emmy Werner war, dass sie sich für diese Kinder interessierte, die sich gut entwickelten, und Faktoren in ihrem Leben herausfinden wollte, die die Kinder stark machten. Dabei zeigte sich: Der allergrößte Schutz im Leben ist Bindung.

Die starken Kinder von Kauai hatten etwas, das die anderen, die früh Schulprobleme bekamen und im Gefängnis landeten, nicht hatten: Es gab zumindest eine liebevolle Bezugsperson, die sich um sie kümmerte. „Das ist unsere pädagogische Chance", sagt Monika Schumann, Professorin für Heilpädagogik an der Katholischen Hochschule Berlin. „Eine solche Bindung macht so stark, dass viele negative Faktoren dadurch wieder wettgemacht werden." Dabei muss die Vertrauensperson nicht unbedingt Mutter oder Vater sein. Eine Tante, ein Lehrer, eine Nachbarin können diese Rolle füllen. „Wichtig ist es, Kindern auf Augenhöhe zu begegnen", sagt Schumann. „Jemand muss ihnen Geborgenheit geben, ihre Fortschritte anerkennen, ihre Fähigkeiten fördern und sie unabhängig von Leistung und Wohlverhalten lieben: Das macht stark fürs Leben."

Das heißt aber nicht, dass man Kinder in Watte packen soll, betont Friedrich Lösel von der Universität Erlangen. Schon die Kleinsten sollten im Sandkasten ihren Streit um die Förmchen austragen. „Wenn Menschen nicht als Kinder lernen, sich bei Gegenwind zu behaupten, werden sie es als Erwachsene auch nicht gut können." Wer stark werden will, muss auch Frust aushalten. Dabei sollten die Kinder aber nicht sich selbst überlassen bleiben.

„Wenn sie überfordert sind oder scheitern, muss jemand für sie da sein", sagt Lösel.

Auf diese Weise erlangen die Starken eine weitere wichtige Fähigkeit. Weil sie gelernt haben, dass sie sich auf andere verlassen können, suchen sie sich in der Not gezielt die Hilfe, die sie brauchen. Auch wer stark ist, ist nämlich keineswegs immer gut drauf. Zum Starksein gehört es durchaus, nach einer Krebsdiagnose mit dem Schicksal zu hadern oder nach der Kündigung in ein tiefes Loch zu fallen. Wissenschaftler dachten zunächst, die starken Kinder von Kauai seien unverwundbar. „Nein, das sind sie nicht", erläutert Emmy Werner. „Sie sind verwundbar, aber unbesiegbar."

Wer lebenstüchtig ist, steht eben bald wieder auf – auch weil ihn mehr stützt im Leben als nur eine einzige Säule. „Wer aus mehreren Quellen Selbstwertgefühl bezieht, kommt mit Niederlagen einfach besser zurecht", sagt Monika Schumann. Der Rüffel des Chefs geht ins Leere, wenn der Beruf nicht das einzig Sinnstiftende im Leben ist. Der misslungene Vortrag ist vergessen, sobald am Abend die Kinder vor Freude quietschen.

Die *Resilienz* ist das eigentliche Rüstzeug fürs Leben. Dabei zeigen psychologische Tests: Starke Menschen sind emotional ausgeglichener. Das liegt zum Teil an ihren Genen. Wer bestimmte Erbanlagen hat, die den Stoffwechsel des Glückshormons Serotonin im Gehirn beeinflussen, bildet in unangenehmen Situationen weniger Stresshormone. Mehrere Resilienz-Gene haben Wissenschaftler inzwischen gefunden. Die meisten von ihnen greifen in den Serotonin-Stoffwechsel ein. Doch ihre Wirkung ist nicht so linear, wie ihr Name vermuten lässt: Es ist nicht so, dass Menschen mit der „starken" Gen-Variante stark sind und die anderen schwach. Vielmehr machen die Gene offenbar nur vor dem Hintergrund biografischer Ereignisse stark oder schwach. So sind Jugendliche mit einer vulnerablen Gen-Variante für den Serotoninrezeptor nur dann anfälliger für Depressionen, wenn sich in ihrem Leben starke Verletzungen ereignen – wenn etwa der Vater prügelt. Jugendliche mit derselben Gen-Variante, die in einer liebevollen Familie aufwachsen, haben hingegen kein höheres Risiko für Depressionen.

Allerdings zeigt die Forschung mehr und mehr: Die Wechselwirkung zwischen Genen und Umweltfaktoren ist noch viel komplexer als bisher vermutet. Das belegen auch die neuen Erkenntnisse der Epigenetik: Diese Fachrichtung beschäftigt sich mit der Veränderlichkeit der Gene. Die Wissenschaft weiß heute, dass das Leben den Genen seinen Stempel aufdrückt. Die Erbanlagen verändern sich im Laufe des Lebens molekular. Nicht nur Traumata hinterlassen auf diese Weise ihre Spuren im Genom. Auch sportliche Aktivität und Ernährung verändern die Erbanlagen.

Die Gene bilden demnach eine wichtige Grundlage für die psychische Entwicklung eines Menschen. Aber sie sind letztlich nur die Bühne, auf der die Person tanzen kann. Umwelt und Erbanlagen, sie haben beide einen in etwa gleich großen Einfluss auf den Menschen, heißt es inzwischen. Die Effekte sind ohnehin oft nur schwer auseinanderzuhalten: Starke Persönlichkeiten entwickeln sich zum Beispiel nicht nur durch eine liebevolle, fördernde Umwelt besonders leicht. Umgekehrt gestalten starke Persönlichkeiten ihre Umwelt meist auch stärker als dies vulnerable Personen tun.

„Resiliente Menschen kennen sich oft besonders gut", sagt Monika Schumann. Wer einen unverstellten Blick auf sich selbst hat, sucht sich seinen Partner fürs Leben und seinen Arbeitsplatz nach eigenen Kriterien, Bedürfnissen und Vorlieben und nicht nach den Maßstäben anderer, zu denen vielleicht eine schwarze Dienstlimousine oder ein weißer Arztkittel gehören. So werden Job und Ehe zu Kraftspendern statt zum Ort ständigen Energieverlusts.

Deshalb beginnen die meisten Trainings zum Aufbau von Resilienz damit, dass Menschen ihre Stärken herausfinden. Auch wenn die Grundlagen der seelischen Stärke schon früh gelegt werden, so kann man Resilienz auch als Erwachsener noch erlernen. Wer sich nicht gewappnet fühlt für den nächsten Sturm, dem empfiehlt Friedrich Lösel folgende Strategie: „Man sollte sich nicht zu viel zumuten, aber durchaus einigen Anforderungen stellen." An den Erfolgen lerne man, dass schwierige Aufgaben zu meistern sind. Und wer von Anfang an auch Scheitern einkalkuliert, der lernt auch aus Misserfolgen, ohne diese nur negativ zu sehen.

Diskussion mit dem Publikum

„Ich habe Probleme mit Ihrer Sprache, die mich als darstellende Künstlerin befremdet. Ich bemerke immer mehr, dass hier wie auch in der Medizin und den Wissenschaften Erfahrungen von Frauen, Männern, Menschen jeden Geschlechts nicht zu Sprache kommen. Zum Beispiel bleibt die kindliche Erfahrung von Einsamkeit doch problematisch, auch wenn Kinder oder junge Erwachsene daran nicht zerbrechen. Diese Erfahrung in Resilienz umzudeuten, entzieht diese Lebensbedingungen vor dem Hintergrund eines vermeintlich starken Verhaltens der Kritik."

„Ich arbeite seit 20 Jahren als Coach und möchte mich für Ihren eloquenten Vortrag bedanken. Mit diesen Impulsen kann ich wunderbar weiterarbeiten. Als ich vor rund zwanzig Jahren ein darauf fußendes Konzept erarbeitet habe, bin ich belacht worden. Die Zeiten ändern sich. Heute wirken solche Konzepte ermutigend."

„Ich bin im Bereich ‚Gewalt gegen Frauen' vorwiegend als Traumafachfrau tätig und arbeite unter anderem auch für medica mondiale. Vielleicht gelingt es mir an dieser Stelle einen dritten Einstieg in das Thema zu finden. Auch wenn die Idee der Resilienz unterschiedlich gefasst wird, können wir auf den Begriff nicht verzichten, und wir arbeiten auf die ein oder andere Weise mit diesem Konzept. Für mich ist die Vorstellung von Regenerationskräften, die Menschen haben, eine der primären feministischen Ideen in der Frauengesundheitsbewegung: Wir sind zwar Expertinnen und verfügen über entsprechendes Wissen, aber es sind die Frauen, die letztlich Expertinnen für sich und ihre Körper sind. Deshalb ist die Idee der Resilienz auch eine zutiefst politische Idee. Das Problem, das ich sehe, auch in Ihrem Vortrag: Es scheint egal zu sein, ob mit dem Konzept menschenverachtende Praktiken unterstützt oder überwunden werden, ob wir damit fitter und schneller oder widerständiger werden. Hauptsache es funktioniert. Sie haben in Ihrem Buch die US-Army angeführt, in der die Ergebnisse der Resilienzforschung an tief traumatisierten Soldaten ‚erfolgreich' angewandt worden seien. Das meine ich: wir müssen alle sehr wachsam bleiben, damit das Resilienz-Konzept nicht zu einem Selbstoptimierungskonzept im neoliberalen Zusammenhang verkommt. Das ist meine Sorge. Es wäre gut, wenn wir diskutieren können: Was können wir mit dem Konzept anfangen ohne es dieser Dummheit preiszugeben?"

Berndt: „Sie haben völlig Recht. Die Praxis in der US-Army ist kein Beleg für die Sinnhaftigkeit der Resilienzforschung. Viele Wissenschaftler kritisieren, dass man schwerwiegenden Traumata auf diese Weise begegnen will. Die Belege für deren Nutzen kommen ohnehin eher aus Trainings in Schulen, in Kindergärten oder mit Kranken. Sie helfen eben teilweise, um mit Krisen besser umgehen zu können. Mir geht es genau darum, wie wir mit unseren kleinen Alltagssorgen besser klar kommen oder mit den etwas größeren wie einem Trauerfall, einer Krankheit oder einem Unfall.

Wir schauen oft so negativ auf uns selbst und unsere Krisen. Wir erwarten, dass alles funktioniert, in Beziehungen, im Beruf, in der Entwicklung unserer Kinder. Alles muss bestens laufen. Resilienz sollte eher als Schutz verstanden werden und nicht als eine Anleitung für die Selbstoptimierung."

„Als ich Ihnen zugehört habe, da habe ich leise vor mich hin gesagt: Das klingt aber wie ein Selbstoptimierungsprogramm. Was ich damit verdeutlichen möchte: Wissenschaft liefert scheinbar objektive Daten, die aber im Sinne eines politischen Willens genutzt werden. Das ist an Ihrem Vortrag interessant und nachdenkenswert: Wie hängt mein Alltag mit einer politischen Struktur zusammen? Und, etwas krasser formuliert: Wo ist es gut meinen Alltag positiver zu sehen und wo muss ich mich empören?"

„Ich bin selbst Resilienz-Trainerin und möchte mich für Ihren Vortrag bedanken. Es ist gut herausgearbeitet, dass Resilienz zu fördern nicht meint ‚Ich muss jetzt noch mehr machen'. Es liegt an uns zu sagen, dies brauche ich jetzt, morgen aber vielleicht nicht. Resilienz ist Bewegung und kein Rezept für alle Alltagssituationen."

„Ich bin Psychologin und hatte die Hoffnung, dass Sie mehr zum Thema Epigenetik, also zu den biologischen Zusammenhängen sagen könnten. Sie haben sich aber mehr auf die psychologischen und sozialpsychologischen Zusammenhänge bezogen. Sie sagen, dass genetische und umweltbezogene Faktoren jeweils zu etwa fünfzig Prozent beeinflussen, wie resilient jemand ist. Meiner Meinung nach ist das veraltet, und über die Epigenetik entsteht ein anderes Bild."

Berndt: „Je stärker die Wissenschaft sich mit der Genetik beschäftigt, je weniger trennscharf wird das Verhältnis von Umwelt und

Genen. In diesem großen Forschungsfeld der Epigenetik stellen wir fest, dass die Gene eben nicht lebenslang unverändert bleiben. Das glaubten Wissenschaftler früher. Heute sieht man stärker, dass sich Gene auf molekularer Ebene verändern können. Was wir in unserem Leben tun, beeinflusst auch die Gene. Selbst frühe Traumata können sie offenbar verändern. Am Max-Planck-Institut in München wird gerade erforscht, wie einzelne Moleküle, die in den Serotonin-Stoffwechsel eingreifen, dauerhaft verändert werden und offenbar einen dauerhaft anderen Umgang mit Traumata verursachen können. Meines Wissens sprechen Wissenschaftler immer noch von einem Verhältnis fünfzig zu fünfzig, aber nicht mehr nur in einer Gen-Umwelt-Aktion sondern einer Gen-Gen-Umwelt-Aktion."

„Ich arbeite an der Bielefelder Fakultät der Gesundheitswissenschaften und leite die Arbeitsgruppe Umwelt und Gesundheit. Als Biologin und Ärztin bin ich sehr an dieser Gen-Umwelt-Interaktion interessiert. Als Leiterin des Kompetenzzentrums Frauen und Gesundheit in NRW ist mir sehr wichtig, zwischen epigenetischen Fragestellungen und Handlungsorientierungen zu unterscheiden. Ich denke, wir sind in der Epigenetik überhaupt noch nicht so weit zu sagen: Das und jenes funktioniert so oder so. Es ist problematisch, zu früh und zu unvorsichtig daraus Handlungsorientierung abzuleiten."

Berndt: „Spannend ist, dass Gene auch die Umwelt beeinflussen können. Mit einer gewissen genetischen Ausstattung schaffe ich mir ein entsprechendes Umfeld. Resiliente Personen suchen den Job, in dem sie gut klar kommen, entsprechende Freunde und Netzwerke. Auch da ist die Gen-Umwelt-Beziehung schwer voneinander zu trennen."

„Ich bin Psychiaterin und seit 26 Jahren Trainerin für Frauen und Mädchen im Bereich Selbstverteidigung. Ich wurde sehr unruhig während Ihres Vortrages. Ich möchte nicht die Beule, die mir im Leben passiert, wieder ausbeulen, sondern mich mit dieser Beule weiterentwickeln. Ich möchte, dass eine Frau, die in einer schwierigen Lebenssituation ist, die Kraft findet aus meinem Zimmer zu rennen, wenn ich ihr raten würde ‚Seien Sie doch etwas optimistischer'. Auch in den ersten Jahren der feministischen Selbstverteidigung gab es solche Parolen: ‚Alle Frauen können sich wehren'. ‚Kinder stark machen.' Meine Kollegin und ich haben ganz mühsam dran gearbeitet, diese total falschen Sätze zu hinterfragen. Es können sich nicht alle Kinder wehren. Diese Botschaften sind hoch gefährlich und kippen schnell in eine oberflächliche Ratgebermentalität um. Wehe jenen, die gerade das nicht hinkriegen. Die gehören dann zu den Schwachen und die anderen zu den Starken."

„Ich komme von der Arbeitnehmerkammer in Bremen und bedanke mich für den Vortrag. Diese Ansätze kenne ich schon länger aus der Pädagogik. Gerne würde ich aber die Aufmerksamkeit auf einen anderen Aspekt lenken. Sie sagen zu Recht, es kommt darauf an, dass ein Kind in der Krise an der passenden Stelle jemanden hat, der oder die es stützt und stabilisiert. Eine der zentralen Ressourcen zur Bewältigung von Belastungen, das ist die soziale Unterstützung. Eine weitere ist die Wertschätzung. Ich denke, das haben wir auch alle in unserem Leben schon erfahren. Ich würde das ganz gerne auf eine gesellschaftspolitische Ebene beziehen. Statt immer mehr Unterstützung abzubauen, müssen wir dafür sorgen, dass Menschen präventiv oder wenn es ihnen schlecht geht Unterstützung finden. Ich denke an Familienhebammen, an frühe Hilfen, an Beratungsangebote und vieles andere. Dafür müssen wir uns einsetzen. Dann scheint mir der Resilienz-Ansatz gut genutzt zu sein."

„Ich bin sehr froh, dass wir hier im AKF kontrovers über dieses Thema diskutieren, Vorträge und Beiträge hinterfragen können. Das ist auch Resilienz. Zweitens: Viele von uns haben im therapeutischen Bereich mit Menschen in Krisen zu tun. Wir sind oft der Ankerpunkt für Menschen, die gerade nicht ihre Krisen mit eigener Resilienz überwinden können. Als es mir einmal schlecht ging, habe ich von AKF-Frauen eine Postkarte mit ganz vielen Unterschriften bekommen. Das hat mir geholfen. Es sind oft kleine Gesten, die auch in unseren therapeutischen Verhältnissen wichtig sind und die helfen, eine Bindungsperson sein zu können."

„Ich halte heute Nachmittag einen Workshop über Mobbing, eine sehr häufige Ursache für psychosozialen Stress. Bei Ihrem Vortrag dachte ich, das klingt banal. Das stimmt aber nicht. Es klingt für uns selbstverständlich, dass Kinder, denen Liebe und Zuwendung gegeben wird, sich anders entwickeln. Dass dies Ergebnis von wissenschaftlichen Untersuchungen ist, ist mir jedenfalls längst verloren gegangen. Ich danke Ihnen dafür, dass Sie daran erinnert haben."

Berndt: „Ein kurzes Schlusswort. Zu manchem habe ich viel, zu manchem zu wenig gesagt. Sie haben das an der ein oder anderen Stelle wunderbar herausseziert. Mir ging es wirklich vor allem um den Alltag und darum, mit diesen Krisen besser umzugehen. Das heißt keinesfalls, dass Menschen, die krank werden, etwas falsch gemacht haben. Es ist klar, dass solche persönlichen Resilienz-Trainings vor allem für Alltagssituationen hilfreich sind. Wenn jemand wirklich in Not ist, bedarf es therapeutischer Hilfen. Aber täglich ein bisschen liebevoller mit sich umgehen, auch in den Krisen, das wünsche ich Ihnen allen."

Zur Person

Dr. rer. nat. Christina Berndt, Dipl. Biol., geboren 1969 in Emden, beschäftigt sich bei der *Süddeutschen Zeitung* mit den Themenbereichen Medizin und Lebenswissenschaften. 1988 begann sie ihr Studium der Biochemie mit dem erklärten Ziel, Wissenschaftsjournalistin zu werden. Mit einem Stipendium der Studienstiftung des deutschen Volkes studierte sie in Hannover und an der Universität Witten/Herdecke. Im Anschluss daran arbeitete sie zunächst wissenschaftlich – während ihrer Doktorarbeit am Deutschen Krebsforschungszentrum in Heidelberg, für die sie mit dem Promotionspreis der Deutschen Gesellschaft für Immunologie ausgezeichnet wurde. Schon während ihrer Promotion schrieb sie für die *Rhein-Neckar-Zeitung* über Medizin und Forschung. Es folgten Praktika bei der Deutschen Presseagentur, dem *Süddeutschen Rundfunk*, dem *Spiegel, Bild der Wissenschaft* und der *Süddeutschen Zeitung*, zu deren Redaktion sie seit März 2000 gehört. Im Jahr 2006 erhielt sie den European Science Writers Award und im Jahr 2013 den Wächterpreis der Tagespresse für ihre Enthüllungen der Transplantationsskandale. Zudem wurde sie für den Henri-Nannen-Preis 2013 in der Kategorie Investigation nominiert und unter die Top 3 der „Wissenschaftsjournalisten des Jahres 2013" gewählt. 2013 erschien auch ihr Bestseller „Resilienz – Das Geheimnis der psychischen Widerstandskraft".

„SELBSTOPTIMIERUNG" UND „SCHÖNHEITSWAHN" – URSACHEN UND WIRKUNGEN KOMPLEXER LEISTUNGSANFORDERUNGEN AN FRAUEN

Prof. Dr. Susanne Ihsen

Sehr geehrte Damen,

schön, in einer solchen Runde zu Gast zu sein, das ist in meinem beruflichen Umfeld eher selten. Liebe Mitglieder des Organisations-Komitees, herzlichen Dank für die Einladung und auch für die Aushandlungen über diesen Vortrag. Ihnen, liebe Frau Gutzmann, vielen Dank für die freundliche Vorstellung.

„Selbstoptimierung und Schönheitswahn" – was wird mit diesen Begriffen verbunden? Ein paar Beispiele[1]: Dank der freundlichen Unterstützung einer meiner Nichten kenne ich nun etliche altersunabhängig zugängliche Angebote im Netz und zum Runterladen als App, mit denen sie z. B. ihre Menstruation regelmäßig hinterlegen und diese Daten dann mit ihrer Flirtbereitschaft kombinieren können. Sie können selbstverständlich ihr Gewicht tagesaktuell verfolgen. Zwölfjährige erhalten Schminktipps von Zwölfjährigen. Und dann gibt es natürlich alle bekannten, nicht medizinisch begründeten Selbstoptimierungsversuche der Schönheitschirurgie in Bezug auf Brustvergrößerungen, Brustverkleinerungen, Straffungen, alle möglichen Einschnitte im wahrsten Sinne des Wortes körperlicher Art. Der Journalist Paul-Philipp Hanske spricht von der „perfekte(n) Selfie-Persönlichkeit"[2]. Wir verwenden aus seiner Sicht viel Mühe, nicht aus der Rolle zu fallen, im-

---

[1] Geben Sie einfach die Wörter „Selbstoptimierung" und „Apps" ein.
[2] Hanske, Paul Philipp: Festwärme. Essay. SZ-Magazin Stil Leben, 02/14, S. 16

mer dieselben zu bleiben, immer fit, immer gesund, immer berechenbar.

Ein Beispiel, wohin es führen kann, wenn Kompetenzen allein durch äußere Erscheinung in Frage gestellt werden, ist Marie de Block[3]. Die belgische Politikerin hat langjährig und offensichtlich sehr erfolgreich verschiedene ministerielle Ämter ausgeübt. Nun ist sie seit 2014 föderale Gesundheits- und Sozialministerin und musste sich von einem US-amerikanischen Journalisten eines belgischen TV-Senders die Frage stellen lassen, ob sie nicht eine „beispielhafte Figur" abgeben müsse – denn sie wiegt nach eigenen Angaben über 100 Kilo. In anderen Kulturen, so der Journalist, hätte sie ein „Glaubwürdigkeitsproblem". Sie selber hat das gut pariert: Die Kritik sei dumm. Sie interessierten Inhalte und nicht die Verpackung, und sie hoffe, dass dies auch für alle anderen gelte.

Und schließlich haben dieser Tage die Unternehmen Facebook und Apple öffentlich gemacht, dass sie ihren Mitarbeiterinnen künftig die Kosten für das „Social Freezing" (also das vorsorgliche Einfrieren von unbefruchteten Eizellen ohne medizinischen Grund) zahlen wollen. Hier gehen dann die Selbstoptimierung von Unternehmen (in Bezug auf ihre Personalpolitik und worklife-balance) Hand in Hand mit der Selbstoptimierung individueller Lebensentwürfe.

---

3 Stabenow, Michael: Darf eine Gesundheitsministerin übergewichtig sein? *http://www.faz.net/aktuell/gesellschaft/menschen/belgien-darf-eine-gesundheitsministerin-uebergewichtig-sein-13268296.html* (letzter Zugriff: 12.01.2015)

Ich werde nach einer Vorstellung, damit Sie wissen, mit wem Sie es hier eigentlich zu tun haben, zunächst auf das Thema „komplexe Leistungsanforderungen" eingehen. Ein weiterer Aspekt, den ich für unser Thema „Selbstoptimierung" persönlich für sehr relevant halte, ist die „Individualisierung gesellschaftlicher Anforderungen". Aber auch der zweite Ihrer Tagungsschwerpunkte, die Resilienz, ist aus meiner Perspektive auf das Thema spannend. Ich übersetze es mit „Widerständigkeit". Das klingt frecher und aktiver als die sonst gebräuchliche „Widerstandskraft". Abschließend stelle ich Ihnen das Thema Diversity und Diversity-Management vor, ein Veränderungsansatz in vielen Unternehmen, der die „Vielfalt" und weniger die Normierbarkeit von Menschen im Blick hat.

Gender Studies in Ingenieurwissenschaften

Mein Fach heißt Gender Studies in den Ingenieurwissenschaften[4] (s. Abb. 1, S. 52) und wurde Ende 2004 an der Technischen Universität München eingerichtet. Ich leite das Fachgebiet also nun seit fast zehn Jahren. Wir sind in verschiedene Fakultäten integriert. Die neue TUM School of Education ist das, was Sie wahrscheinlich als pädagogische Fakultät übersetzen würden. Wir bieten unsere Lehre aber vor allem künftigen Ingenieurinnen und Ingenieuren an. Unsere Forschungsprojekte umfassen Fragen über die Situation von Frauen und Männern in technischen Studiengängen und Berufen bis hin zur zielgruppenorientierten Technikgestaltung. Als Soziologin beschäftige ich mich am allerliebsten nicht primär mit Individuen, sondern mit Organisationen, mit sozialen Konstrukten oder Systemen, die Individuen beeinflussen. So habe ich auch diesen Vortrag angelegt.

4 *www.gender.edu.tum.de*

Kultur und Identität von Systemen im Mittelpunkt

Wie funktioniert ein soziales System? Ich habe Ihnen mal eins aufgezeichnet[5] (s. Abb. 2, S. 52). Sie sehen, ein soziales System hat immer durchlässige Grenzen. Soziale Systeme sind also nicht dicht. Das können sie auch gar nicht sein, weil wir permanent sozialen Einflüssen ausgesetzt sind. Aber Sie sehen hier auch eine zweite gestrichelte Linie. Dabei handelt es sich um den sogenannten Inputfilter. Der sorgt dafür, dass nicht alle äußeren Einflüsse auch wirklich ins System durchdringen. Denn unkontrollierte Einflüsse von allen Seiten bringen auch das robusteste System durcheinander, es wäre nicht mehr in der Lage, seine Identität zu schützen. Viele Missverständnisse zwischen System und Umwelt führe ich auf diesen Inputfilter zurück. Das kann man an Hochschulen sehr schön sehen: Wenn heute die Hochschulumwelt, z. B. aus Gründen der Chancengerechtigkeit – oder des Fachkräftemangels –, nicht mehr nur junge Männer aus Familien mit technischem Hintergrund in Ingenieurwissenschaften wünscht, investieren Hochschulen viele Ressourcen in Marketingstrategien und Motivationsprojekte – wenn sie aber nicht gleichzeitig auch ihre Studiengänge den neuen Zielgruppen anpassen, gehen die ihnen im Laufe des Studiums wieder verloren. Woher kommt so etwas? Sie wissen besser als ich, dass gelungene Kommunikation immer etwas mit Eigen- und Fremdbild zu tun hat. Geht das System also davon aus, dass sich die neuen Zielgruppen einem bereits optimalen Studienangebot anpassen müssen, werden nur diejenigen erfolgreich sein, die diese Anpassungsleistung erbringen. So sorgt die systemische Kultur dafür, dass die erfolgreichen Neuen so werden wie die Alten. Dieser Filtereffekt bewahrt das System also vor

---

5 Weitere Ausführungen zum theoretischen Hintergrund: Ihsen, Susanne (1999): Zur Entwicklung einer neuen Qualitätskultur in ingenieurwissenschaftlichen Studiengängen. Ein prozeßbegleitendes Interventionskonzept. In: VDI-Fortschritt-Berichte, Reihe 16, Nr. 112, Technik und Wirtschaft, Düsseldorf: VDI Verlag.

Veränderung. In meinem Feld betrachte ich deshalb diese kulturellen, identitätsbewahrenden Selektionsprozesse, die noch immer dazu führen, dass wir in Deutschland einen der miesesten Anteile von Studentinnen in den Ingenieurswissenschaften weltweit haben. Spannend ist dabei, dass populärwissenschaftlich immer auf die „wesensartigen" Unterschiede von Männern und Frauen verwiesen wird. Doch wenn diese einen solchen Anpassungsprozess durchlaufen haben, sind Ingenieurinnen und Ingenieure sich sehr viel ähnlicher als Ingenieurinnen und Soziologinnen.

Der fachliche Habitus, den Sie hier sehen, repräsentiert die systemspezifischen Wirklichkeitsaspekte, d. h. durch die systemspezifische Sozialisation übernimmt der erfolgreiche Mensch das Denken, die Kultur, die Traditionen seiner Profession. Das passiert während des Fachstudiums durch den Subtext, den heimlichen Lehrplan. Wer mit diesem Subtext nicht zurechtkommt, wird das System wieder verlassen – nach unterschiedlich bewussten Entscheidungsprozessen.

Kompensation sich widersprechender Anforderungen in der technischen Fachkultur

Ich habe Mitte der 1990er Jahre mit einer Studie[6] über Studentinnen im Maschinenbau das erste Mal realisiert, dass es unterschiedliche Arten und Weisen von Frauen im gleichen System gibt, Ungleichbehandlungen oder gar Diskriminierungen wahrzunehmen und sich dazu zu verhalten. Ich habe damals Interviews mit Maschinenbau-Studentinnen durchgeführt und drei Reaktionskategorien gebildet. Erstens: Ich als Individuum löse Ungleichbehandlung aus – also liegt es an mir, diese Probleme zu lösen.

---

6 Ihsen, Susanne (1996): Studentinnen an einer Technischen Hochschule. Zur Situation von Maschinenbau-Studentinnen an der RWTH Aachen. In: Münch, Dörte; Thelen, Elvi (Hrsg.): FORUM Frauenforschung – Vorträge aus fünf Jahren, Darmstadt: Verlag Frauen in der Technik, S. 107-130.

Diese Art, auch gesellschaftliche Probleme zu individualisieren, ist im Ingenieurberuf gar nicht so selten. Auch Männer vergessen, dass bestimmte gesellschaftliche Verhältnisse auf sie einwirken. In der Folge stellen Frauen erst spät im Beruf fest, dass manche Umgangsweisen mit ihnen nie aufhören, sie immer neue Irritationen auslösen. Im schlimmsten Fall geraten sie unter andauernden Anpassungsdruck, dem sie irgendwann nicht mehr standhalten.

Zweitens: Andere Frauen realisieren, durchaus bereits im Studium, dass es nicht um sie persönlich geht. Es geht darum, dass sie als Frau in einer Männerkultur sind, und das löst die Irritationen aus. Diese Frauen suchen die Lösung des Problems darin, sich zusammenzuschließen, politisch aktiv zu werden, versuchen ihre Umwelt zu verändern. Sie stellen dabei aber auch fest, dass dieses Vorgehen viel Zeit und Energie braucht, Rückschläge eintreten. Auch das ist frustrierend.

Drittens: Manche negieren komplett, jemals diskriminiert oder ungleich behandelt worden zu sein. Schnee von gestern, früher vielleicht, aber heute? An anderen Stellen der Interviews, bei denen es nicht explizit um Ungleichbehandlung ging, erzählten sie dann aber teilweise schockierende Geschichten über ihnen direkt widerfahrene Ungleichbehandlungen und Diskriminierungen. Ich habe das damals als ambivalent bezeichnet: Der Anpassungsdruck ist so hoch, dass sie selbst dieses Erleben nicht zulassen können. (S. Abb. 3, S. 53)

Seit Beginn meiner Tätigkeit in München sammeln wir nun Daten und führen viele Interviews, z. B. in einem, vom Bundesforschungsministerium im Rahmen des Nationalen Paktes „Frauen in MINT-Berufen" Projekt „Weibsbilder"[7]. Wir haben fünfzig Interviews mit Studentinnen und Berufstätigen geführt. Seit vielen Jahren führe ich außerdem biografische Interviews mit Ingenieurin-

---

7 *http://www.komm-mach-mint.de/MINT-Projekte/Abgeschlossene-Projekte/MINT-Weibsbilder*

nen. Der nächste Schritt wird sein, diese Interviews zu vergleichen, um heraus zu finden, ob sich meine drei Kategorien bestätigen, bzw. ob sich Unterschiede über die verschiedenen Generationen hinweg finden lassen.

EFI-Studie „Frauen im Innovationssystem"[8]

Eine andere unserer Studien wurde im Frühjahr 2014 veröffentlicht. Sie entstand in Kooperation mit einem Forschungsinstitut in Österreich für die Expertenkommission „Forschung und Innovation" (E-FI) der Bundesregierung. (S. Abb. 4, S. 53) Anhand verschiedener berufsbiografischer Stationen von Studentinnen, Forscherinnen und Frauen in Führungspositionen haben wir unter anderem untersucht: Warum ist der Anteil von Frauen in technischen Berufen in Deutschland so gering und fragil? Welche Drop Out-Gründe gibt es? Wie sind die Selektions- und Selbstselektionsmechanismen beschaffen?

Ein paar der Ergebnisse:

Schülerinnen mit richtig guten fachlichen Noten in Mathematik oder Physik halten sich selbst nicht für gut. In vielen Fällen – das zeigen Untersuchungen immer wieder – sind sie unsicher, wie sie die Noten interpretieren sollen. Da sich die Ingenieurkultur so darstellt, als ob sie nur mit sehr guten Mathematiknoten zu bewältigen sei, trauen sich Frauen nicht in diese Fächer. Sie sind unsicher, ob sie den Anforderungen genügen. Beim Berufszugang spielen die Rahmenbedingungen einer technisch geprägten Arbeitskultur eine Rolle: Es gilt zwar in Unternehmen inzwischen als selbstverständlich, die Vereinbarkeit von Familie und Beruf zu akzeptieren. Das darf aber weder zu Lasten der Kollegen und Kolleginnen gehen, noch der Projekte und ihrer Laufzeiten. Im Zweifelsfall geht es also zu Lasten derjenigen, die versuchen Familie

8 *http://www.e-fi.de/146.html?&L=1%27 (Studie 12-2014)*

und Beruf zu vereinbaren. Beim Thema Führungspositionen wird die Orientierung an einer traditionellen männlichen, sogenannten Normalbiografie noch pointierter. Jede Abweichung von dieser Norm bringt insbesondere Frauen in die Defensive, wenn sie abweichende Lebensläufe vorweisen.

Wir haben dazu Interviews geführt, sowohl mit Entscheidern und Entscheiderinnen verschiedener Institutionen, als auch mit den Wissenschaftlerinnen in Unternehmen und Forschungseinrichtungen. (S. Abb. 5, S. 54)

Interviews Frauen im Innovationsprozess

Bei den interviewten Frauen in Fach- und Führungspositionen stellten wir auch hier Ambivalenzen fest. So haben wir fast keine Frau gefunden, die klar für sich eine Führungsrolle reklamiert hat. Stattdessen fanden wir Aussagen wie „mir ist der Inhalt meiner Arbeit wichtiger als die Position" oder „ich bin mehr für kooperative Arbeitsweisen im Team". Die Frauen schienen sich so zu schildern, wie sie es für sozial geboten hielten. Dies kann daran liegen, dass sie vorsichtig waren, eigene Führungsansprüche zu formulieren, aber auch daran, dass sie sich selbst so wahrnehmen. Als an sich selbst wahrgenommene Defizite nannten sie zu geringe Karriereorientierung, zu geringe Durchsetzungsfähigkeit und wenig Selbstdarstellungsvermögen – d. h., sie kennen die von potenziellen Führungskräften erwarteten Kompetenzen sehr genau. Und das spiegelte sich auch bei der Frage, was sie selbst jungen Kolleginnen raten würden. Hier waren die interviewten Frauen sehr klar: sehr früh die Karriereentscheidungen treffen, Vereinbarkeit von Kindern und Karriere klären, frühzeitig Netzwerke aufbauen und die Außendarstellung üben. Auf unsere Frage, welche Hemmnisse und Hürden es gäbe und wie sich aus ihrer Sicht die Unternehmenskulturen darstellten, antworteten auch Frauen ohne Kinder oder zu pflegende Angehörige, dass die

Vereinbarkeitsproblematik zentral sei und verhindere, dass Frauen längerfristig in diesen Berufen erfolgreich sind.

Übrigens: Interviewpartnerinnen aus anderen Ländern der Welt wirkten teilweise viel unbekümmerter: „Die Anforderungen passen nicht jeden Tag zusammen, aber das geht schon irgendwie". Auch diese Beobachtung lässt darauf schließen, dass es nicht so sehr um die Frage geht, wie Frauen und Männer „wesensartig" sind, sondern wie ihre jeweilige Sozialisation in den jeweiligen sozialen und kulturellen Rahmungen verläuft. Wenn ich also über Aspekte von Selbstoptimierung und Widerständigkeit spreche, dann hat es aus meiner Perspektive viel mit notwendigen systemischen Veränderungsprozessen zu tun. Und Veränderung bedeutet immer zunächst Konflikt. Ohne Konflikte lässt sich nichts verändern. Das Streben nach Harmonie führt eher dazu, dass Veränderungsprozesse ausgebremst oder statisch werden.

Alleskönnerinnen oder schön blöd?

Zurück zu uns Frauen. Unser aktuelles westlich geprägtes Gesellschaftssystem stellt uns vor eine spannende Zerreißprobe, denn es stellt Anforderungen, die individuell kaum zu bewältigen sind. Zum einen heißt es, Frauen könnten alles (das kann emanzipatorisch gemeint sein, muss aber nicht), zum anderen scheint es, z. B. in den Medien kommuniziert, zu reichen, schön und blöd, schön blöd zu sein. (S. Abb. 6, S. 54) Letzteres hat eine lange historische Tradition. Die Botschaft „Denken ist ungesund" hat sich über verschiedene Jahrhunderte und Epochen sehr deutlich auch in unsere Sozialisation eingeschrieben. Für Frauen ist es nicht immer ungefährlich, zu denken. Frauen, die gedacht haben, sind auf unterschiedliche Weise diskriminiert und auch sanktioniert worden. Wir können über die Hintergründe der Hexenverfolgung nachdenken. Oder über verschiedene medizinische Diagnosen für Frauen, die sich nicht systemkonform verhielten. Auf den Punkt gebracht hat das z. B. der Neurologe und Psychiater Paul Julius Möbius[9]. Er schrieb um 1900, als das Thema Frauenbildung und Frauenberufe in aller Munde war, einen Essay mit dem schönen Titel: Die physiologische Schwachsinnigkeit des Weibes. In dem Bestseller erklärte er ganz systematisch und nach einem eigenen systemischen Argumentationsmuster, dass das Hirn von Frauen kleiner sei als das von Männern, sie deshalb nicht zum Denken, sondern zum Kinderkriegen geboren sind. Alle Frauen, die ihm im Laufe der Zeit bitterböse Briefe geschrieben haben, hat er sofort in sein Denkmodell integriert und für schwachsinnig erklärt. Andernfalls hätten sie ihm ja, seiner Logik folgend, zugestimmt. Bis heute finden wir populärwissenschaftliche Bücher über das „weibliche Gehirn" und das „männliche Gehirn"[10], die belegen sollen, dass sich das eigentlich soziale Wesen Mensch seit der Steinzeit nicht verändert hat. Da lobe ich mir doch Forscherinnen wie Lise Elliot[11] oder Cordelia Fine[12]. Sie kritisieren diese Art von pseudowissenschaftlichen, auf kleinen Fallzahlen beruhenden, Untersuchungen und deren Generalisierung. Doch die Aufteilung, dass Frauen für Heim und Herd, und Männer für das Erlegen des Säbelzahntigers zuständig sind, ist bis heute populär. Das patriarchale Gesellschaftssystem braucht diese Rollenaufteilung.

Und da von der Geschichte der Frauen, die gedacht, erfunden, geforscht haben, wenig überliefert ist und bislang viel zu selten im

---

9 Möbius, Paul Julius: Über den physiologischen Schwachsinn des Weibes. Matthes & Seitz, München 1977.
10 Brizendine, Louann: Das weibliche Gehirn. Warum Frauen anders sind als Männer, Goldmann, München 2008; dieselbe: Das männliche Gehirn. Warum Männer anders sind als Frauen. Hoffmann & Campe, Hamburg 2010.
11 Elliot, Lise: Pink brain, blue brain. Oneworld Publications, 2013.
12 Fine, Cordelia: Die Geschlechterlüge: Die Macht der Vorurteile über Mann und Frau. Klett-Cotta, Stuttgart, 2012.

Schul- und Hochschulunterricht vermittelt wird, hat jede Frauengeneration den Eindruck, Pionierin zu sein – mit allen Gefahren, Kontroversen, Verletzungen – gerade in technischen Fachbereichen und Berufen. Ingenieurinnen gibt es in Deutschland aber seit über 100 Jahren[13]. Sie kommen nur nicht vor, sind offensichtlich nicht Teil der eigenen Fach- und Professionsgeschichte. Dies ist aus meiner Sicht ein gravierender Grund, warum viele denkende Frauen der Meinung sind, sie seien das Problem und müssten es alleine lösen. Deshalb verlassen Frauen technische Berufe[14], denn die Gleichberechtigungsansprüche, die Vereinbarkeit von Familie und Beruf, sind häufig reine Rhetorik. Zunächst erleben sie, dass andere Frauen aus dem beruflichen Umfeld verschwinden, dann versuchen sie selbst alle Formen von Selbstoptimierung, und schließlich werden viele „Leiterin eines kleinen mittelständischen Unternehmens" namens Familie. Hier setzt dann der Rückzug aus den öffentlichen, beruflichen Räumen ein – und zwar mit drei Argumentationen, die auch nicht wirklich neu sind. Die eine: *Ich darf das nicht.* Ich darf nicht im Beruf erfolgreich sein. Ich darf nicht in meinem Fach erfolgreich sein. Entweder weil meine Kollegen, mein Chef oder mein privates Umfeld nicht akzeptieren, dass ich im fortgeschrittenen Alter von über dreißig Jahren einem anspruchsvollem Beruf nachgehe, der nicht nur Vollzeit und Überstunden, sondern auch Außeneinsätze erfordert. Das darf ich nicht, weil ich dann keine Frau mehr bin. Die zweite Argumentation: *Ich kann das nicht.* Das ist teilweise durchaus real. Wenn Sie nicht in einer Metropole, sondern auf dem Land wohnen, werden

---

13 In Bayern bereits 1905, in ganz Preussen ab 1908, wurde Frauen formal das Studium erlaubt. Siehe z. B. *http://portal.mytum.de/tum/geschichte/index_html/Frauen_an_der_TUM.pdf*

14 Ihsen, Susanne; Jeanrenaud, Yves; Wienefoet; Verene, Herrwerth, Andrea; Hantschel, Victoria; Hojer; Cornelia (2009): „Potentiale nutzen, Ingenieurinnen zurückgewinnen". Drop-Out von Frauen im Ingenieurwesen: Analyse der Ursachen und Strategien zu deren Vermeidung sowie Handlungsempfehlungen für eine erfolgreiche Rückgewinnung. Wirtschaftsministerium Baden-Württemberg, Stuttgart.

Sie spätestens nach dem zweiten Kind frustriert und erschöpft aufgeben, weil Sie die Probleme von Halbtagsschule und -kita individuell nicht mehr lösen können. Drittens: *Ich will das nicht.* Es gibt Frauen, die nach einer anspruchsvollen Ausbildung und gutem Berufsstart „aussteigen", „sich verweigern", weil sie mit den herrschenden Spielregeln ihres Berufs nicht zurechtkommen, sich beruflich umorientieren oder sich auf die tradierte Rolle zurückziehen, nicht weiter zu denken.

Die Botschaften hinter der Selbstoptimierung

Je intensiver ich mich mit der Selbstoptimierung befasse, desto klarer sehe ich einen Filter, ausgehend von einer Botschaft, die nicht neu ist: Ich bin nicht o.k., so wie ich bin. Was ich als neu wahrnehme, ist der nächste Aspekt: Ich kann das ändern. Das war nicht immer so, wie der kleine Exkurs in die Geschichte verdeutlichen sollte. Daraus erwächst nun aber die dritte Botschaft: Ich muss das ändern – weil ich damit meinen Marktwert erhöhen kann, weil ich nicht ausgeschlossen werden will, oder weil es elitär ist, ich etwas ganz Besonderes werde, das ich selbst gestalte. (S. Abb. 7, S. 55)

Selbst? Optimierung

Ist „Selbstoptimierung" hier wirklich der richtige Begriff? Geht es nicht doch wieder um Anpassung? Um die Erfüllung von Anforderungen? Hier gibt es offensichtlich zwei unterschiedliche Selbstoptimierungskonzepte. Zum einen wird am körperlichen Selbst durch medizinische, gewebeverletzende Eingriffe optimiert. Hier scheint es doch darum zu gehen, sich einem Bild anzupassen, das als Anforderung an mich herangetragen wird. Zum anderen findet sich eine Quantified-Self-Bewegung[15], zu erkennen an ihren

---

15 *www.spiegel.de/gesundheit/ernaehrung/quantified-self-bewegung-miss-dich-selbst-a-886149. html* (letzter Zugriff: 16.01.2015)

Apple- und Google-Armbändchen, ihren Apps und Schrittzählern. Hier scheint aus einer intrinsischen Motivation heraus gehandelt zu werden, sich als eine Art neue Elite zu begreifen, die das Optimum aus ihrem Leben herausholen und tagtäglich an sich arbeiten will. (S. Abb. 8, S. 55)

Selbstoptimierung und Widerständigkeiten

Jetzt komme ich zur Widerständigkeit. Selbstoptimierung als individualisierte Kompensation entsteht, weil an unser Leben alle möglichen Anforderungen gestellt werden, die individuell nicht alle von uns umgesetzt werden können. Ausgehend von einem vorhandenen Inputfilter auch in unserem System ist die Frage: Wie wird eigentlich gefiltert? Neben der Kultur, die wir verinnerlicht haben, die regelmäßig „gefüttert" wird durch Familie, Bildungseinrichtungen, Arbeitgeber, gesellschaftspolitische und mediale Einflüsse, und deren Anforderungen wir verinnerlichen, ist unsere Identität aus meiner Sicht die entscheidende Frage und das Selbstbild, das wir von uns haben. Widerständigkeit, Resilienz[16], könnte also als ein Inputfilter beschrieben werden, der diese Einflüsse darauf hin filtert, ob diese Einflüsse zur eigenen Identität passen, wie sie zu priorisieren sind, welche davon gar nicht ins System gelassen werden. (S. Abb. 9, S. 56)

Selbstoptimierung und Identität

Unsere Identität wird geprägt durch die Zugehörigkeit zu verschiedenen Diversity-Merkmalen[17], z. B. Geschlecht, Alter, eth-

---

16 *http://coaching-development.de/wp-content/uploads/2014/07/Bertelsmann-Studie.pdf* (letzter Zugriff: 16.01.2015)

17 Loden, Marilyn / Rosener, Judy (1991): Workforce America!: Managing employee diversity as a vital resource. Mcgraw Hill Book Co. Schneider, Wolfram; Ducki, Antje; Ihsen, Susanne (2013): Zur Integration von Gender und Diversity in der universitären Lehre - Hintergründe, Möglichkeiten und Wirksamkeit von Maßnahmen. In: Ebbers, Ilona; Halbfas, Brigitte (Hrsg.): Diversitas, Diversity Lernen - Pädagogische und Didaktische Implikationen, Heft 2, Nr. 4,

nische Herkunft, sexuelle Identität. Das ist ein neuer Ansatz von gesellschaftlichem, betrieblichem, bildungs- und wissenschaftspolitischem Verständnis. Es gibt sechs Kerndimensionen, die die Identität beschreiben. Im täglichen Leben gibt es natürlich viele Überlappungen, in verschiedenen Lebensphasen sind einzelne Merkmale relevanter als andere. Aus der Resilienz-Forschung gibt es sieben sogenannte Resilienzfaktoren, z. B. Empathie, Emotionssteuerung und auch Selbstwirksamkeitsüberzeugung. Meine These ist nun: Die Wechselwirkungen dieser unterschiedlichen Elemente erklären, welche externen Anforderungen wir aufnehmen, umsetzen und wie wir unser Selbstbild formen. Das meiste geschieht unterschwellig und aufgrund unserer Biografie. Die Selbstwirksamkeit halte ich für einen entscheidenden Faktor. (S. Abb. 10, S. 56)

Wandel der Führungs- und Lebensprinzipien

Wie sehen aus meiner Perspektive die zukünftigen Verhältnisse aus? (S. Abb. 11, S. 57) In Bezug auf Organisationen und Unternehmen haben wir es im Moment mit einem Wandel zu tun. Wir befinden uns in einem Übergang von einer sehr traditionell geprägten in eine digital geprägte Welt. Es gibt gute Beispiele dafür aus dem öffentlichen Leben. In der Politik hatten wir vor geraumer Zeit noch Führungspersonen, die Wissen als Macht horteten und, nicht uneitel, für eine Basta-Politik standen, Prototyp: Bundeskanzler Gerhard Schröder[18]. Heute haben wir es mit einer Kanzlerin zu tun, die als Netzwerkerin beschrieben wird und der man einen zögerlichen und moderativen Führungsstil bescheinigt.

S. 25-31; Ihsen, Susanne; Hantschel, Victoria; Gebauer, Sabrina (2009): Das Konzept Gender und Diversity Management an der Technischen Universität München. In: Auferkorte-Michaelis, Nicole; Stahr, Ingeborg; Schönborn, Anette; Fitzek, Ingrid (Hrsg.). Gender als Indikator für gute Lehre. Erkenntnisse, Konzepte und Ideen für die Hochschule. Opladen & Farmington Hills: Verlag Budrich UniPress, S. 53-64.
18 *www.stern.de/politik/deutschland/gerhard-schroeder-agenda-2010-bleibt-basta-541847. html* (letzter Zugriff: 16.01.2015)

In der nächsten Generation mischen sich bereits die Geschlechter- und Professionsrollen. Frauenministerin Schwesig wird von einem Ehemann unterstützt, der teilzeitbeschäftigt ist und sich um Haushalt und Kind kümmert[19]. Jörg Asmussen, jetzt Staatssekretär im Arbeitsministerium, hat nach eigener Aussage seine Tätigkeit als Vorstandsmitglied der europäischen Zentralbank in Frankfurt aufgegeben, um wieder näher an seiner Familie zu sein[20]. Es gibt momentan eine Unmenge an Veränderungspotenzialen und Wechselwirkungen. Die Geschlechterrollen sind nicht mehr so statisch wie noch vor zwanzig oder fünfundzwanzig Jahren. Das kann dazu führen, dass „die goldene Fessel der Selbstoptimierung"[21], mit der die bisherigen Anforderungen an Frauen beschrieben werden, sich auch auf Männer überträgt. Ich halte diese Entwicklung für ein schützenswertes Gut. Dennoch: Veränderung führt zur Labilität von Strukturen, zur Durchlässigkeit der Geschlechterrollen, zu Unsicherheiten, Ängsten, Aggressionen. Es ist deshalb offen, ob wir in eine Gesellschaft voller individueller Selbstoptimierer/innen einmünden oder gesellschaftlich aushalten, dass es mehr Vielfalt und individuelle Freiheitsgrade gibt. Vielen Dank!

Wenn Sie mehr wissen möchten:
www.gender.edu.tum.de gender@lrz.tum.de

---

19 *www.welt.de/politik/deutschland/article124224309/Ich-schlafe-im-Ministerium-Da-fuehle-ich-mich-wohl.html* (letzter Zugriff: 16.01.2015)
20 *www.zeit.de/wirtschaft/2013-12/asmussen-EZB-Arbeitsministerium* (letzter Zugriff: 16.01.2015)
21 *www.johngerzema.com/books/athena-doctrine* (letzter Zugriff: 16.01.2015)

Abb. 1

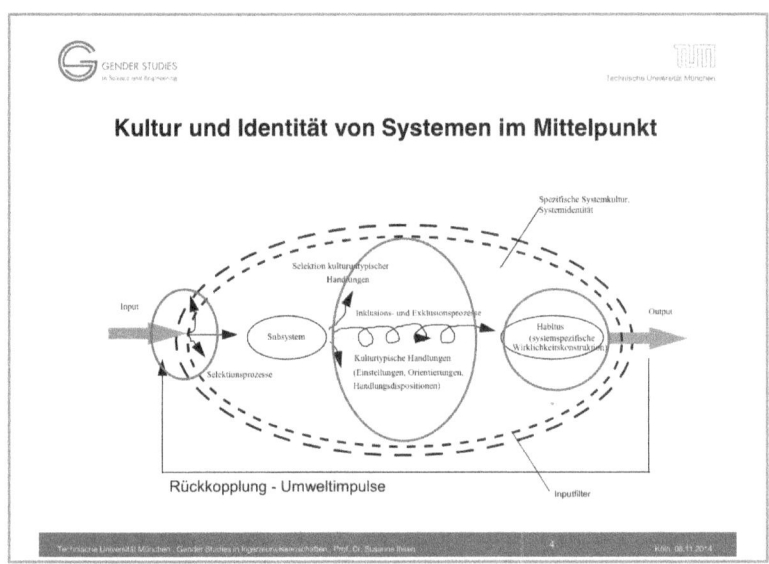

Abb. 2

Ursachen und Wirkungen komplexer Leistungsanforderungen an Frauen 53

Abb. 3

Abb. 4

Abb. 5

Abb. 6

Ursachen und Wirkungen komplexer Leistungsanforderungen an Frauen 55

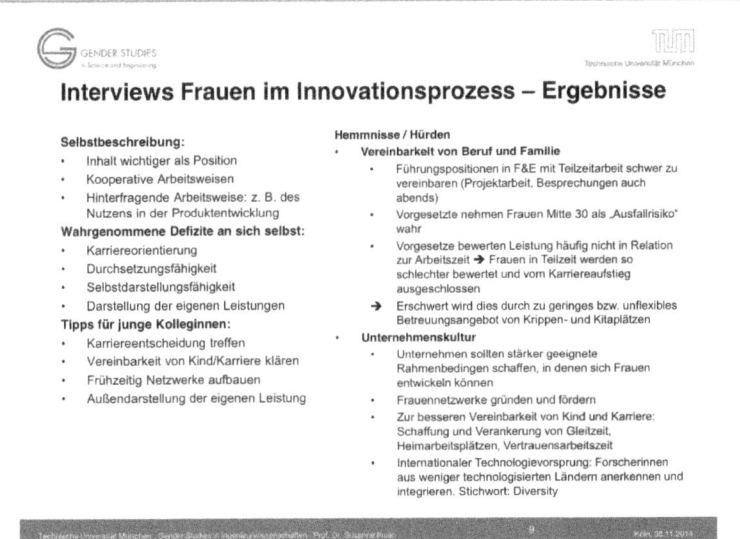

Abb. 7

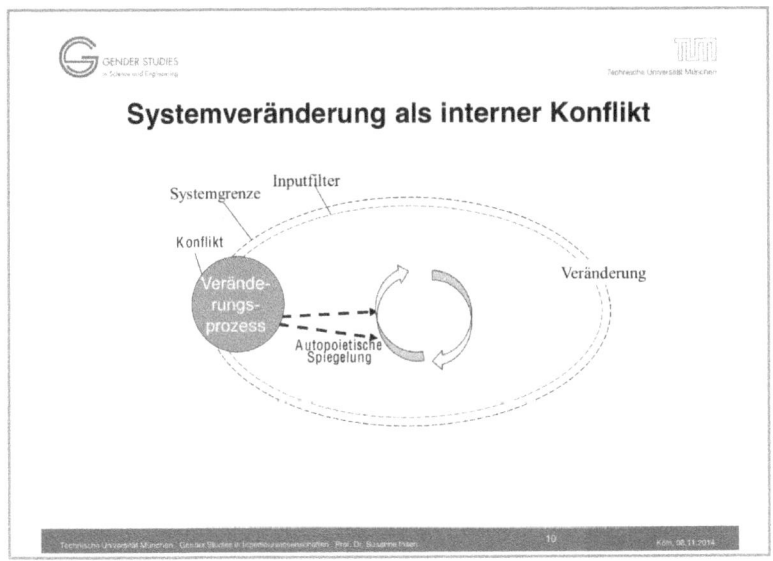

Abb. 8

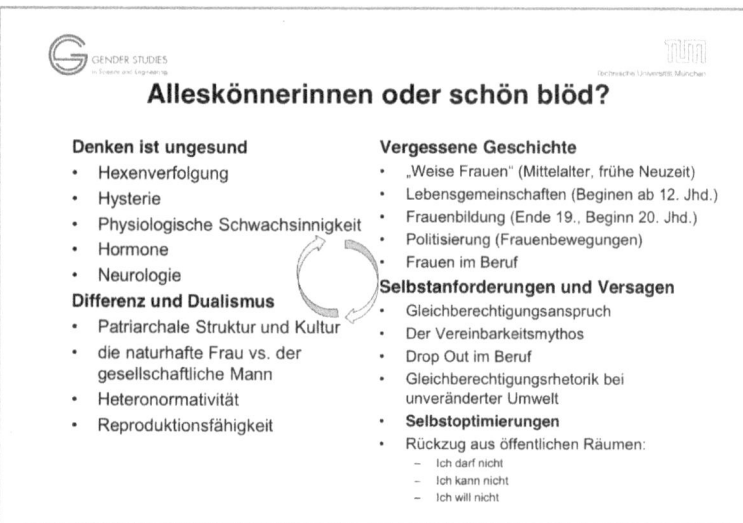

Abb. 9

Abb. 10

Ursachen und Wirkungen komplexer Leistungsanforderungen an Frauen 57

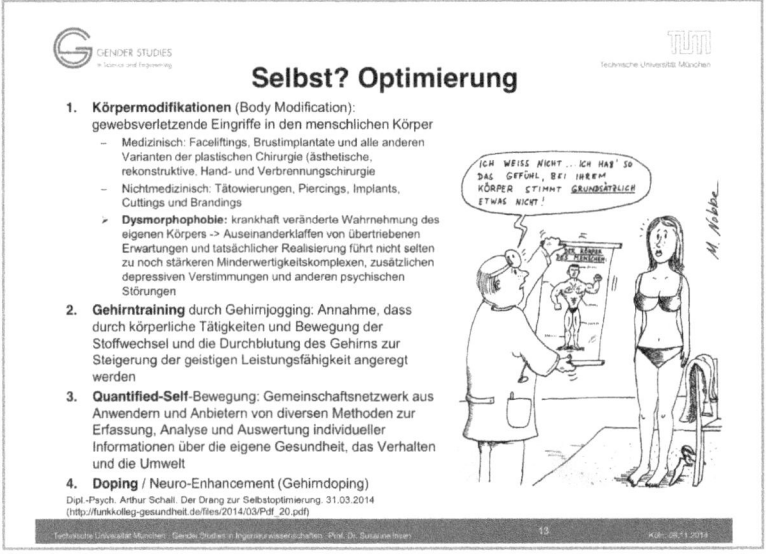

Abb. 11

Diskussion mit dem Publikum

„Bei Ihrer Studie ‚Frauen im Innovationsprozess' haben Sie vor allem westdeutsche Frauen befragt oder sind auch ostdeutsche Frauen interviewt worden? Die technischen Berufe sind dort viel selbstverständlicher von Frauen ausgeübt worden. Hat sich für Sie ein Wandel ergeben, dass Frauen von technischen Berufen ausgeschlossen wurden, für die es früher eine Selbstverständlichkeit war? Oder hat sich das berufliche Erwartungsfeld von Frauen, die in Ostdeutschland aufgewachsen sind, geändert?"

Ihsen: „Vielen Dank für die Frage. Vor dieser Studie hätte ich immer gesagt: In 25 Jahren müssten eigentlich alle Anpassungsprozesse zwischen West und Ost stattgefunden haben. Ich habe mir dann die Daten noch einmal angesehen. Es gibt tatsächlich nach wie vor Unterschiede. Aus den Rentenstatistiken ist ablesbar, dass ostdeutsche Frauen höhere Renten bekommen und dass sie häufiger in Führungspositionen anzutreffen sind. Das betrifft die Frauengeneration, die beide Systeme erlebt hat. Bei den jüngeren Frauen sind die Anteile in den MINT-Studiengängen tatsächlich etwas höher, auch bei den Promotionen und den Vollzeitbeschäftigungen. Ich führe das darauf zurück, dass es in Ostdeutschland noch immer unverkrampfter möglich ist, eine Ganztagsbetreuung für Kinder zu haben, einer Erwerbstätigkeit nachzugehen, und das teilweise schon in der zweiten und dritten Generation auch von Frauen in technischen Berufen. Ich habe mir auch erzählen lassen, dass es früher Bilderbücher gegeben hat mit Baggerführerinnen und ähnlichem, dass Mutter oder Tante technische Berufe ausübten. Ich finde es schön, dass sich dies über die Zeit gehalten hat. Hier kann der Westen aus den Erfahrungen aus dem Osten lernen."

„Ich würde gerne etwas ergänzen zur Vielseitigkeit der Frauenbiografien und dem Diversity-Ansatz am Ende Ihres Vortrages. Auch wir erleben sehr stark, dass sich Frauen selbst anders einschätzen in ihren Fähigkeiten. Praktisch gesehen, wenn ich eine Stellenausschreibung mit fünf Spiegelstrichen habe, sagen Frauen eher: Die vierte Anforderung erfülle ich nicht, also bewerbe ich mich nicht. Männer sagen eher: Zwei davon kann ich, den Rest lerne ich im Job – womit sie recht haben. Aber Zeugnisse und Beurteilungsverfahren passen auch genau dazu. Wir haben in Bremen das Beurteilungswesen gerade daraufhin untersucht. Oder: Wenn in Dax-Unternehmen zwischendurch 18 Frauen angestellt waren und sieben wieder verschwunden sind, müssten wir uns fragen: Was ist da passiert und welche Kultur herrscht dort? Sie haben Diversity als Veränderungsansatz dargestellt. Damit habe ich ein Problem, denn Geschlecht wird mit Behinderung, Ethnizität oder sexueller Orientierung auf eine Ebene gesetzt. Man tut so als gäbe es die Gleichwertigkeit der Verschiedenheit. Diversity kommt aus den Wirtschaftswissenschaften und dient der Optimierung von Abläufen. Ich denke aber, dass Geschlecht eine übergeordnete Kategorie ist. In den anderen Diversitäten versteckt sich auch eine geschlechtsbezogene Diskriminierung. Zum Beispiel haben es behinderte Frauen schwerer als behinderte Männer. Ich befürchte, dass der Diversity-Ansatz wie der weiterentwickelte Gender-Ansatz daher kommt. Ich befürchte, dass damit eine Entpolitisierung einhergeht."

Ihsen: „Sicher gibt es allerlei Formblätter mit Kategorien, wie bei Bewerbungen was zu bewerten ist. Man kann diese nach Prinzipien gestalten, die nicht genderstereotyp wirken. Ich fürchte aber, viel passiert im eigenen Kopf. Interessanter finde ich den Versuch anonymisierter Bewerbungen. Da werden Menschen eingeladen, die letztlich gar nicht dem inneren Bild entsprechen. Die Reaktion: Gut, ich habe die Person ausgewählt, entweder stimmt mit mir was nicht, oder wir schauen uns die Person doch mal genauer an, was die so kann. Das scheint tatsächlich positive Effekte zu haben. Zur zweiten Anmerkung: Wie ordnen wir Gender ein? Ich betrachte Gender konsequent als Querschnittskategorie in meinen Forschungen. Wir schauen aber genau auf die Daten, ob Gender auch immer die ausschlaggebende Kernkategorie ist. Was ist beispielsweise, wenn eine junge Frau mit Migrationshintergrund und bestimmten religiösen Orientierungen auf dem deutschen Arbeitsmarkt auftaucht? Welche der Kategorien ist dann dominant? Ich finde diese Frage ist durchaus zulässig. Widersprechen möchte ich Ihnen an anderer Stelle. Dient das Diversity-Management, das aus den Wirtschaftswissenschaften kommt, tatsächlich der Optimierung? Ich meine nicht. Es dient der Innovation, nachhaltiger Weiterentwicklung von Produkten, Prozessen, Unternehmensstrukturen und -kulturen. Dafür nehmen Unternehmen, die das ernst nehmen, in Kauf, dass es mal turbulent zugeht, dass Spielregeln hinterfragt werden und Führungsstile in Frage gestellt werden."

„Ein Begriff fehlte mir: die Instrumentalisierung. Ich erzähle eine kleine Anekdote, um zu erklären, was ich meine. Ich komme aus Baden-Württemberg, das wenig frauenfreundlich ist. Jetzt haben wir eine grün-rote Landesregierung. Die Mädchen sollen in die weiterführenden Schulen. Beim Elternsprechtag kommt der Direktor auf mich zu und fragt: Wir wollen mehr Mädchen in unserer Schule. Wie sollen wir das machen? Meine Frage: Warum wollen Sie das? Seine Antwort: Damit die Jungens besser lernen. Das meine ich mit Instrumentalisierung. Was als frauenfreundlich und förderlich daherkommt, muss es nicht unbedingt sein."

Ihsen: „Das ist mit Sicherheit so. Das, was sie gerade beschrieben haben, nenne ich gerne ‚Frauen als soziales Schmieröl'. Weil Männer sich untereinander nicht betragen können, wird eine Frau in die Gruppe gesetzt und schon benehmen sich alle besser. Das sagen mir übrigens auch Kollegen. Deshalb plädiere ich dafür, dass z. B. solche Landesziele von Qualifizierungs- und Sensibilisierungsmaßnahmen flankiert werden. Vielen Menschen in Entscheidungspositionen ist ja gar nicht bewusst, nach welchen Genderstereotypen sie sich richten. Ich empfehle auch Studentinnen immer, zu mehreren in gemischte Kleingruppen zu gehen, erstens damit sie sich kennenlernen, zweitens um genau zu verhindern, als einzelne Frau alle sozialen Aufgaben zu erledigen. Entscheidend bei der Frage nach Instrumentalisierung ist aber: Kennen wir die Spielregeln dieser Institution? Können wir uns bewusst zu ihnen verhalten? Selbst langjährig erwerbstätige Frauen in Unternehmen können nicht sicher sagen: Wie tickt ihre Abteilung? Nach welchen Kriterien stellen Chefs und Chefinnen neue Mitarbeiter/innen ein? Was gilt hier als Erfolg? Nach welchen Kriterien werden Führungskräfte ausgewählt und entwickelt? Meiner Auffassung nach müssen wir zunächst die Kultur kennen, in der wir uns bewegen, bevor wir Teile davon akzeptieren, ignorieren oder ändern wollen."

Keine Entwicklung ohne Widerstandskraft – Salutogenetische Dialoge und Vorstellung der Arbeit der Frauenberatungsstelle FrauenLeben Köln e. V.

Romy Herzberg und Stephanie Lange

Ankündigung des Dialogs

Reflektierend und sinnierend werden Fragen nach der Wandlung der Probleme der ratsuchenden Frauen und dem Umgang damit beleuchtet. Folgende Aspekte wollen wir dabei aufgreifen: Wie kann heute in unserem zunehmend ökonomisierten Gesundheitssystem ressourcenorientiertes Arbeiten aussehen? Welche Themen beschäftigen die Frauen heute, wo kommen sie her und was hat sich im Laufe der Jahre verändert? Welche Werte sind für uns als Beraterinnen und Therapeutinnen weiterhin aktuell, und wie sind sie in der Beratungs- und Therapiearbeit umsetzbar?

Wir werden uns damit befassen, was Widerstandskräfte von Frauen fördert. Der Blick richtet sich dabei sowohl auf die Anfänge unserer Arbeit als auch auf Zukunftsvisionen. Dieser Dialog soll dazu dienen, Räume zu öffnen, Fragen zu stellen und Antworten zu finden.

Die Gründung der Frauenberatungsstelle

Vor 33 Jahren, acht Monaten, einem Tag, am 8. März 1981 eröffneten wir die Frauenberatungsstelle in Köln-Ehrenfeld in einem winzigen Ladenlokal.

Seither haben ca. 25.000 Frauen die Beratungsstelle für ein oder mehrere Gespräche aufgesucht.

Die Ziele unserer Arbeit wurden damals in der Satzung festgelegt:

„§ 2: Zweck des Vereins ist es, Initiativen zu ergreifen und Maßnahmen durchzuführen, die zur aktuellen, präventiven und grundsätzlichen Verbesserung der Lage von Frauen in sozialen und psychischen Notlagen dienen." (Zitat Satzung von 1981)

Heute würden wir von Resilienz, Salutogenese, „Widerstandskraft fördern" sprechen.

Trotz nahezu keinen finanziellen Mitteln zu Beginn der Beratungsarbeit in der Hansemannstraße 43 in Köln-Ehrenfeld schien uns etwas wichtig, ohne genau benennen zu können, warum es uns wichtig erschien, eine scheinbare Kleinigkeit: Wir wollten in Räumen arbeiten, die eine angenehme Atmosphäre hatten, in denen wir uns wohlfühlten. Wir wollten eine Atmosphäre schaffen, die Ruhe ausstrahlt und den Frauen, die zur Beratung kommen, Wertschätzung entgegen bringen würde. So entschieden wir uns, immer frische Blumen in den Räumen zu haben. Dies setzt sich bis heute fort und wird auch von den Klientinnen immer wieder wertgeschätzt.

Vorstellung der aktuellen Arbeit

In der Frauenberatungsstelle arbeiten fünf Kolleginnen mit therapeutischer Zusatzausbildung in Teilzeit, hinzukommen Honorarkräfte für spezifische Angebote. Alle zwei Wochen bietet eine Rechtsanwältin Rechtsinformationsgespräche für 5 Euro für 20 Minuten an.

Viermal pro Woche bieten wir offene Sprechzeiten, in denen ratsuchende Frauen ohne Voranmeldung anonym vorbeikommen und ein Beratungsgespräch in Anspruch nehmen können. Weiterhin besteht das Angebot von bis zu fünf Krisen- und Orientierungsgesprächen, themenbezogenen Gruppen zu variierenden Themen (Ess-Störungen, Beziehungen, sexualisierte- oder häusli-

Arbeit der Frauenberatungsstelle FrauenLeben Köln e. V.

che Gewalterfahrungen oder auch zum Thema „neue Kraft schöpfen", etc.). Darüber hinaus bieten wir Beratung für Angehörige von Frauen mit Ess-Störungen (in dem Fall auch für Väter, Freunde, Partner, etc.) Online- und Chat- Beratung an. Die Angebote sind kostenfrei. Oft reichen ein bis fünf stabilisierende und klärende Gespräche, besonders, da diese Unterstützung den Frauen zeitnah ermöglicht werden kann.

Es können alle Frauen aus Köln und Umgebung, die den Weg in die Frauenberatungsstelle finden, zu uns kommen. In der Regel kommen Frauen über Empfehlungen von Ärztinnen und Ärzten, anderen Einrichtungen, Freundinnen und Freunden oder auch zunehmend über unsere Homepage. Oft finden die ratsuchenden Frauen auch nach Jahren erneut in einer akuten problematischen Situation den Weg in die Beratungsstelle.

Der Name

Der Name des Trägervereins lautete ursprünglich „FRAUEN LERNEN LEBEN". Er sollte den Wunsch ausdrücken, besser und befriedigender leben zu wollen. Unser Anliegen war es, Frauen dabei zu unterstützen, ihr Leben zu verändern und Bedingungen nicht einfach als gegeben hinzunehmen, die für sie nicht förderlich waren. Nach 20 Jahren fanden wir den Namen nicht mehr passend: Das Leben von Frauen sollte nicht weiter auf „LERNEN" reduziert werden. Wir starteten dafür eine kleine Umfrage, welcher Vereinsname inzwischen stimmiger sein könnte – und entschieden uns für FrauenLeben e.V., ein Name, in dem die ganze Vielfalt weiblichen Lebens deutlich werden kann.

Wie Beratungsthemen entstehen

Themen entstehen, indem Frauen, die in die Beratungsstelle kommen, sie als persönliche Anliegen formulieren wie z. B. häusliche Gewalt, körperliche, seelische oder sexuelle Gewalt, Mobbing oder Fragen zur lesbischen Identität. Über Netzwerke werden weitere Themen an uns herangetragen wie K.O.-Tropfen, Gewalt in der Schwangerschaft, anonyme Spurensicherung. Auch das Thema der Ess-Störungen lag schon Anfang der 90er Jahre in der Luft: Susie Orbach hatte das Anti-Diät-Buch geschrieben, und wir organisierten zu unserem 10-jährigen Jubiläum 1991 die 1. Feministische Fachtagung in der BRD zu diesem Thema unter dem Titel „Die unerträgliche Schwere des weiblichen Seins". Bis heute ist das Thema Ess-Störungen einer der Schwerpunkte in unserer Arbeit.

2005 starteten wir ein besonderes Kooperationsprojekt mit dem Jobcenter Köln, psychosoziale Beratung für erwerbslose Frauen, die ALG-II beziehen. Es war geplant, ein spezialisiertes Betreuungs- und Beratungsangebot für erwerbslose Frauen einzurichten, die durch familiäre Probleme, traumatisierende Gewalterfahrungen oder psychische Erkrankungen gravierend in ihrer Leistungsfähigkeit eingeschränkt sind. Bei diesen Frauen müssten die psychischen Voraussetzungen für eine Erwerbstätigkeit erst hergestellt oder wieder hergestellt werden.

Vorausgegangen war eine intensive Diskussion im Team, denn bei der Kooperation würden zwei wesentliche Grundsätze unserer Arbeit tangiert werden:
* die Frauen kämen möglicherweisen nicht freiwillig, sie würden vom Jobcenter geschickt,
* über jeden Beratungsverlauf würde ein Bericht verfasst werden müssen, der an die entsprechende FallmanagerIn im Jobcenter weitergeleitet würde.

Wir diskutierten, ob dies mit unseren Grundsätzen von Freiwilligkeit, Schweigepflicht, keiner Datenweitergabe zu vereinbaren wäre, ob wir es dennoch sinnvoll fänden, ein solches Beratungsangebot zu machen. Einiges sprach dafür, anderes dagegen. Es wurde deutlich, dass wir diese Fragen durch Diskutieren nicht würden beantworten können, und daher entschieden wir uns, dieses spezielle Beratungsangebot für ein Jahr auszuprobieren.

Jetzt sind wir im zehnten Jahr der Kooperation, und die Erfahrung zeigt uns, dass durch dieses Angebot viele Frauen die Chance bekommen, Beratungsgespräche zu erhalten, die sonst vielleicht nie den Weg in eine Beratungsstelle finden würden.

Unser Ziel war immer das Persönliche mit dem Politischen zu verknüpfen, daher versuchen wir uns den Themen der Frauen zu öffnen, diese aufzugreifen, Impulse und Strömungen wahrzunehmen und auf frauenspezifische Tauglichkeit zu überprüfen.

Praktische Beispiele unserer Arbeit
1. Sexuelle Gewalt im beruflichen Kontext
Anfang letzten Jahres meldeten sich unabhängig voneinander

zeitnah drei Frauen in der Sprechstunde der Frauenberatungsstelle, die von sexuellen Übergriffen durch ihren Physiotherapeuten berichteten. Mit jeder der Frauen führte die Beraterin einzeln Gespräche und fand mit ihnen heraus, welche Themen sie im Kontext dieser Erfahrungen belasteten. Eine Klientin traute ihrer Wahrnehmung und berichtete ihrem Mann davon. Da dieser Masseur ist, haben sie die Szene zuhause nachgestellt und schnell ausgeschlossen, dass diese Art der Berührung zufällig hätte passieren können. Die Klientin war zu Recht entsetzt und hatte den Wunsch, ihn mit Hilfe eines Lockvogels vom Fernsehen auffliegen zu lassen, damit er dadurch seine Berufserlaubnis entzogen bekäme. Sie war sehr wütend und hatte keine andere Idee, um diese Taten an die Öffentlichkeit zu bringen. In den folgenden Beratungsgesprächen wurde ihre Wut gewürdigt und die Beraterin begann, sich selber kundig zu machen, was in solchen Fällen PatientInnen als Beschwerdeinstrument zur Verfügung steht. Trotz der Recherche durch uns als Fachstelle, wurde die Kollegin anfangs von den Dachverbänden der Physiotherapeuten bei dieser Thematik mit Skepsis betrachtet. Beim Gesundheitsamt sagte man, so etwas gäbe es nicht, zumindest sei es noch nie vorgekommen – wenn überhaupt, müsse die Patientin Anzeige erstatten und der Therapeut müsse rechtskräftig verurteilt werden. Dann könne man weitersehen. Letztendlich konnten wir mit einiger Vehemenz in der Mitgliederzeitschrift eines Physiotherapeutenverbandes einen Artikel zum Thema sexuelle Übergriffe veröffentlichen. Parallel ermutigten wir die Klientin, zu unserer ehrenamtlich tätigen Rechtsanwältin zur Erstberatung zu gehen.

Die zweite Klientin entschied sich schnell, nach der vorläufigen Verarbeitung ihres Schocks, sich nicht weiter mit den Erfahrungen der Übergriffe befassen zu wollen, da sie sich derzeit gesundheitlich zu belastet fühlte und dies für sie existenzieller erschien.

Die dritte Klientin beschloss nach stabilisierenden Gesprächen mit der Beraterin, Anzeige zu erstatten, und auch sie schickten wir zu unserer Anwältin.

Letztendlich erstattete eine der Frauen Anzeige, die zweite sagte als Zeugin aus, die dritte entschied sich dagegen. Die Beraterin veröffentlichte im Sinne der Frauen den Artikel und sagte ebenfalls bei Gericht als Zeugin aus. Der Physiotherapeut wurde aktuell aufgrund dessen, dass zwei Frauen glaubhaft Ähnliches berichten konnten, auf Bewährung und 1.500 Euro Bußgeld an FrauenLeben verurteilt. Die Verurteilung ist rechtskräftig und wird an das Gesundheitsamt weitergeleitet, das ihm die Berufserlaubnis entziehen kann.

Wir werden versuchen, in die Ausbildung von PhysiotherapeutInnen einzusteigen und dort beginnen, das Thema der sexuellen Übergriffe zu enttabuisieren.

Mit Unterstützung der Mitarbeiterinnen der Frauenberatungsstelle konnten die betroffenen Frauen einen Weg finden, ihre berechtigte Wut in Selbstwirksamkeit zu verwandeln.

Ohne den Mut der betroffenen Frauen, die Hartnäckigkeit der Kollegin und den Rückhalt im Team wäre die Sache nie so weit gekommen. (Der Artikel ist auf der AKF-Seite im Netz ebenfalls veröffentlicht.)

2. Ess-Störungs-Gruppe

Die seit zehn Jahren bestehende, angeleitete Gruppe für Frauen mit Ess-Störungen trägt den Titel „Jede Zeit hat ihr Gewicht". Es ist eine Gruppe, in der betroffene Frauen so lange teilnehmen können, wie sie selbst meinen, es zu brauchen. Dies ist in Zeiten von immer kürzeren ambulanten und stationären Behandlungsbewilligungen ein durchaus außergewöhnliches Angebot. Da eine Ess-Störung in der Regel eine lange Behandlung benötigt, bieten wir den Klientinnen die Möglichkeit, sich die Zeit zu nehmen, die es braucht, um die Symptomatik in allen ihren Facetten zu verstehen und zu bearbeiten. Hinter dem Symptom einer Ess-Störung zeigt sich häufig eine gravierende Selbstwertproblematik, die Geduld, Zeit, Reflexion, Zuspruch, Ermutigung und Vernetzung bedarf. Frauen, die seit mehr als zehn Jahren unter Bulimie leiden und immer versucht haben, selbst einen Weg heraus zu finden, weisen häufig komorbide Störungen auf und konnten in der Phase der Autonomie- und Selbstwertentwicklung in der Adoleszenz wichtige Aspekte ihrer Persönlichkeit kaum formen.

Daher finden wir es zentral wichtig, den von Ess-Störungen betroffenen Frauen einen Ort der Nachbeelterung und Nachreifung zur Verfügung zu stellen. Einzelne Teilnehmerinnen bleiben über mehrere Jahre in der Gruppe und machen in dieser Zeit enorme Fortschritte in ihrer Gesamtpersönlichkeit.

Frau Dr. Berndt sprach gestern in ihrem Vortrag darüber, wie wichtig der Aspekt der Bindung beim Thema Resilienz ist. Dies ist etwas, was wir in der Arbeit mit den Frauen mit Ess-Störung immer wieder als hilfreich erleben – ebenso die Möglichkeit, über die Spiegelung durch die anderen Teilnehmerinnen sich selbst wohlwollender zu betrachten.

3. Chat-Beratung

Den Gegenpol zur Ess-Störungsgruppe bildet die Chat-Beratung. Hier gibt es nur einen schmalen Grat des Kontaktes, bei dem der Beraterin ausschließlich die geschriebenen Wörter zur Verfügung stehen. Konkret sieht das so aus, dass eine Frau sich zu einem von der Beraterin ins Netz gestellten Chat-Termin anmeldet, meist mit einem Nickname (Lucy78, Fauchkatze etc.).

Zum verabredeten Zeitpunkt „treffen" sie sich im Chat und die Kollegin versucht Kontakt herzustellen. Die ratsuchende

Frau beschreibt ihr Anliegen und so kommen sie ins „Gespräch". Manchmal schreibt eine Klientin viel und eher grenzenlos, eine andere schreibt scheu und kaum direkt verstehbar. Das Spektrum der ratsuchenden Frauen ist hier genauso groß wie bei den face-to-face-Kontakten in der Frauenberatungsstelle. Als Schwerpunkte der Chat-Beratung haben wir die Themen Ess-Störungen und sexualisierte Gewalterfahrung benannt, an die die meisten Frauen im Chat sich auch halten.

Wir sind durch unseren Beruf zwar geübt darin, ein Problem zu erfassen und auch zwischen den Zeilen zu lesen, jedoch steht bei einer Chat-Beratung nur *ein* Wahrnehmungskanal zur Verfügung. Auf diesem schmalen Grat eine Art Beziehung aufzubauen, ist immer wieder spannend und herausfordernd. Wir haben einerseits keine Möglichkeit, das Gegenüber vielschichtig wahrzunehmen, andererseits laufen wir aber auch nicht Gefahr, zu schnell in Schubladen zu denken. Es gibt nahezu keine Anhaltspunkte: oft keinen Namen (der möglicherweise auf das Alter und auf den kulturellen Hintergrund hinweisen kann), keine Informationen zum sozialen Hintergrund, kein direktes Feedback über Mimik, Gestik und Gefühlsregung. Dennoch wirken in der Regel die Inhalte der uns schreibenden Personen glaubwürdig. Wenn eine ratsuchende Frau schreibt, hat die Kollegin erst nachdem die ratsuchende Frau ihren Text abgeschickt hat, die Möglichkeit ihn zu lesen. Wir können also auch erst antworten, nachdem wir ihn gelesen haben. Schreibt eine Frau schon zu Beginn sehr detailliert darüber, was ihr Traumatisches passiert ist, besteht das Risiko, dass die Klientin ihre gesunde Schamgrenze nicht wahrnimmt und meint, sich zu schnell offenbaren zu wollen oder zu müssen. Eine Frau im face-to-face-Kontakt hingegen würden wir wahrscheinlich unterbrechen und deutlich machen, dass wir den gesamten Kontext im Moment nicht wissen müssen, um ihr helfen zu können. Diese

Spiegelung einer Grenze gibt Frauen, die bereits Erfahrungen mit Grenzüberschreitungen gemacht haben, oft ein überraschendes Gefühl von Erlaubnis, dass Grenzen sinnvoll und normal sind. In der Chat-Beratung können wir nur *danach in unserer Antwort* vorsichtig darauf Bezug nehmen.

Solch eine Beratung ist auch dahingehend unverbindlicher, als die Gesprächspartnerin einfach ohne Vorankündigung mit nur einem „Klick" den gemeinsamen Raum verlassen könnte. Die natürliche Hemmschwelle, ein Gespräch zu beenden, ist also herabgesetzt und erfordert daher von uns als Beraterinnen achtsames, einfühlsames Schreiben. Ein solch abrupter Gesprächsabbruch ist bisher noch nicht vorgekommen, aber natürlich leicht möglich.

Die Chancen der Chat-Beratung liegen nach unserer Erfahrung darin, Frauen zu erreichen, die sonst nicht in der Lage wären eine Beratungsstelle aufzusuchen – entweder weil die Infrastruktur dies nicht bietet (z. B. alleinerziehende Mutter mit mehreren Kindern auf dem Land, mit Trauma-Hintergrund und aktuell in einer gewalttätigen und kontrollierenden Beziehung), oder auch, weil sich die Betreffende nicht traut, persönlich eine Beratungsstelle aufzusuchen.

Deutlich wird bei der Auswahl der Beispiele die Spannbreite unserer Angebote. Sie gehen von langfristiger, tiefgehender, begleitender Arbeit bis hin zu dieser anonymisierten Form der Beratung.

Persönliche Veränderung durch die Arbeit in der Frauenberatungsstelle

Wir sind berührt und beeindruckt davon, aus welch schwierigen und häufig desolaten Lebenssituationen Frauen den Mut aufbringen, sich aus den Umständen zu lösen. Die Erfahrung mit den Frauen bedeutet auch immer wieder, einerseits die Bedeutung von eigenen Problemen zu relativieren, andererseits aber auch Mut zu fassen, Dinge anzugehen und zu verändern, die unangenehm oder schwierig erscheinen.

Wir haben verstanden und erfahren, dass es sich immer lohnt, den ersten Schritt zu gehen, egal wie aussichtslos und kompliziert eine Lebenssituation auch erscheint.

Ausblick

Während wir früher noch gesagt haben, wir wünschen uns, dass wir einmal überflüssig würden, ist unser Wunsch heute vielmehr, weiterhin ganz nah an den Themen der Frauen zu bleiben und ihnen mit ihren Anliegen offen und individuell zu begegnen. Wir wünschen uns, uns weiterhin möglichst unabhängig zu machen von Gesundheitsstrukturen und Gesundheitsmanagement-Gedanken, die manchmal mehr krank als gesund machen. Wir wünschen uns auch, weiterhin die Möglichkeit zu haben, Frauen psychologisch zu behandeln, sozialarbeiterisch zu unterstützen und ihnen politisch zu einer Stimme zu verhelfen.

Danke für Ihre Aufmerksamkeit!

Diskussion mit dem Publikum

Herzberg: „Wir hätten gerne noch viereinhalb Minuten, denn wir möchten Ihnen unbedingt noch etwas zeigen, einen Film. Ich erkläre kurz, worum es geht. 1984 hat die Filmemacherin Christa Donner über die Beratungsstelle einen 45-minütigen Film gemacht. Aus diesem Film haben wir ein paar wenige Sequenzen zusammengestellt, damit Sie einen Eindruck haben, wie es damals in der Beratungsstelle aussah. Sie können auch gucken, ob Sie zwei, drei Frauen wiedererkennen, die hier im Auditorium sitzen. Später zeigen wir noch ein paar Bilder von den Räumen, in denen wir jetzt arbeiten."

Sprecherin: In Köln-Ehrenfeld in der Hansemannstraße steht dieses Haus. Unten ist ein Laden. Der Film zeigt die Frauen, die in dieser Beratungsstelle arbeiten. Es ist das Selbsthilfeprojekt „Frauen lernen leben", keine städtische Institution. Der Name ist umstritten, auch bei denen, die ihn sich ausgedacht haben. Er klingt vielleicht arrogant, sagen sie, als ob nur sie wissen, was „leben" heißt. Viele ratsuchende Frauen fühlen sich von dem Namen angesprochen, weil er Neugier weckt und Mut macht. Die beiden Räume der Beratungsstelle sind klein, zusammen 30 qm, aber intensiv genutzt. Von Montag bis Freitag ist offene Beratung, zu der jede Frau unangemeldet kommen kann. Dann gibt es täglich ein bis zwei verschiedene Gruppen, Selbsthilfegruppen oder angeleitete. Und es wird Einzeltherapie gemacht. Frauen kommen hierher aus allen Alters- und Gesellschaftsstufen. Ganz junge und ganz alte kommen seltener, ebenso Frauen aus gehobener Schicht. Im Monat lassen sich hundert bist hundertfünfzig Frauen in der Hansemannstraße telefonisch beraten. Ein bis zwei Mal im Monat gibt es Vorträge zur Weiterbildung. Während der Drehzeit dieses Films zum Beispiel über die rechtliche Situation von Frauen bei der Scheidung und über die Unsterblichkeit der Hexen. Im Projekt gibt es immer wieder Fragen nach dem Selbstverständnis und den Zielen der Arbeit. Ein Ziel ist feministische Beratung oder Therapie, die anders ist als Ehe-, Erziehungs- oder Familienberatung.

Gespräche unter den Frauen in der Beratungsstelle: Die städtischen Beratungsstellen werden sicherlich so vorgehen, ich meine, da werden auch Einzelgespräche und Einzeltherapien gemacht, aber das Ziel ist ja dann doch dieses System Ehe – dieses sich Beziehen der Frau auf den Mann, auf die Familie – zu stärken. Also da wieder die Frauen funktionsfähig zu machen. Ich habe damals in unserer Befragung, von der wir schon erzählt haben, in der Erziehungsbera-

tungsstelle nachgefragt. Da war wirklich ein ganz gering entwickeltes Problembewusstsein in dem Punkt, dass es auch um so was wie ein spezielles Frauenproblem geht, dass es viele Frauen gibt, die isoliert sind, dass für die Frauen etwas getan werden muss. Das wird alles auf dem Hintergrund von Familie und Ehe gesehen. Was fehlt da und was funktioniert da nicht? Wir haben wirklich die Chance zu sage: Hier Frau, was willst du? Wo willst du hingehen? Mach was für dich in erster Linie. Was auch heißen kann, gut, mach in der Ehe weiter, aber erst einmal für dich. Du musst stark werden.

Ich glaube, eine Voraussetzung für eine feministische Therapie ist, dass die Frau, die die Therapie macht, sich selber mit ihrer eigenen Rolle sehr auseinandergesetzt hat, und für sich überlegt hat, was sie von dieser Rolle übernehmen will. Die Rolle ist ja auch nicht nur negativ, sondern sie bietet ja auch viel Positives. Das heißt nicht, diese ganze Rolle über den Haufen zu werfen und zu sagen, also ich bin jetzt wie ein Mann. Das ist völlig daneben.

„Wie finanziert Ihr Euch?"

Herzberg: „Wir haben das Glück, dass wir hier in NRW leben. Von der Landesregierung werden vier Teilzeit-Stellen finanziert. Es gibt natürlich immer einen Fehlbetrag, der immer mehr oder weniger mühsam zu erwirtschaften ist. Wie gesagt, das Bußgeld, das der Physiotherapeut zahlen musste, trägt dazu bei, die Finanzlücke zu schließen. Wir bekommen Spenden, wir versuchen über Stiftungen an Gelder zu kommen. Das schluckt leider neben dieser ganz konkreten Arbeit etwa ein Drittel der Zeit. Wir müssen uns ständig Gedanken machen über die Existenzsicherung. Das Übliche eben."

Publikum: „Ich bin sehr, sehr beeindruckt. Ich habe gerade festgestellt, dass bei mir in der Beratung auch die Frauen gewesen sind, die vorher bei Euch waren. Das ist ein besonderes Erlebnis für mich. Ich bin auch im Beratungsbereich tätig und Dozentin für Deutsch als Zweitsprache. Das hat für mich jetzt noch ein neues Fenster geöffnet, dass ich mit Euch sehr gerne zusammenarbeiten werde. Jetzt meine Frage: Was macht Ihr im Bereich Sprache, also wenn Migrantinnen Rat suchen. Welche Lösungsmöglichkeiten habt Ihr?"

Herzberg: „Wir sind persönlich darauf angewiesen, dass die Klientinnen mehr oder weniger gut Deutsch können oder jemanden mitbringen. Das passiert auch. Oder wir verweisen auf andere Beratungsstellen, wo wir wissen, dass dort Muttersprachlerinnen sind."

Publikum: „Ich bin Österreicherin und arbeite in Belgien bei einer feministischen Frauenorganisation, in der französisch sprechenden Seite, in der Wallonie. Mir hat das sehr gut gefallen Eure Vorstellung. Wir wollen eine feministische Beratungsstelle in Belgien sein. Davon gibt es nicht sehr viele. Die wenigen, die wir haben, sind sehr vernetzt. Wir haben sehr kleine Initiativen, und wir müssen sehr in unserem Netzwerk zusammenarbeiten. Meine Frage an Euch ist: Wir arbeiten noch sehr viel mit kollektiver Begleitung, d. h. in Frauengruppen. Die Frauengruppen machen entweder individuelle Beratung, auch begleitete von Therapeutinnen. Das brauchen die Frauen. In meiner Erfahrung, und das sagen mir auch die Frauen, es ist wichtig Bindungen in Frauenrunden herzustellen und feministische Strategien zu entwickeln, um sich zu stärken. Macht Ihr auch so eine ähnliche Arbeit, eine kollektive, die auch eine politische Arbeit wird? Wir machen zum Beispiel auch Projekte, in denen die Frauen selber erzählen und politische Fragen auf politischer Ebene weitergeben. Es ist für uns ganz wichtig, die kollektive Arbeit in feministische Strategien zu übersetzen."

Lange: „Wir beraten die Frauen individuell und in Gruppen. In den Gruppen erleben wir immer wieder, dass sich die Frauen gegenseitig unterstützen. Wir haben allerdings inzwischen nur angeleitete Gruppen. Aber manche Frauen trauen sich nicht in eine Gruppe, andere gehen dort sehr gerne hin. Wir machen auch viel Öffentlichkeitsarbeit. Wir sind zum Beispiel beim Internationalen Tag gegen Gewalt gegen Frauen aktiv oder bei bestimmten anderen politischen Aktionen."

Publikum: „Ich habe eine Frage zur Arbeit mit dem Jobcenter, die Ihr ja in der Zwischenzeit schon so lange macht. Das Jobcenter kann Euch per Gesetz bestimmte Daten abverlangen. Wie habt Ihr das Problem gelöst?"

Herzberg: „An dieser Stelle muss ich unsere Kollegin Antje Strick erwähnen. Sie hat unseren großen Respekt, weil sie diese Arbeit so gut macht. Um die Frage zu beantworten: Es müssen Daten weitergegeben werden, aber sie spricht mit den Frauen ab, welche Informationen weitergegeben werden. Das geschieht immer in Rücksprache. Im Großen und Ganzen gibt sich auch das Jobcenter oder die Fallmanagerin damit zufrieden, relativ vage und weite Beschreibungen zu bekommen. Unsere Kollegin hat eine 30-Stunden-Stelle. Was in dieser Zeit zu schaffen ist, reicht nicht aus. Es gibt immer Wartezeiten für die ratsuchenden Frauen."

Zu den Personen

Romy Herzberg ist Sonderpädagogin, feministische Gestalttherapeutin, Ausbilderin in der frauenspezifischen sozialtherapeutischen Gestaltfortbildung, Psychotherapeutin (HP), Musikerin, 1. Dan Karate, Mitbegründerin und seit 33 Jahren Mitarbeiterin der Frauenberatungsstelle FrauenLeben Köln e.V., Arbeitsschwerpunkte sind Ess-Störungen, Psychotherapie, Paarberatung.

—

Stephanie Lange ist tiefenpsychologisch fundierte Körperpsychotherapeutin, Psychotherapeutin (HP), Ausbildung und Lehrtätigkeit in Psychotherapie und Energiemedizin, approbierte Kinder- und Jugendlichenpsychotherapeutin, psychologische Leitung des Programms für Kinder und Jugendliche mit Adipositas am Klinikum Leverkusen, Mitarbeiterin der Frauenberatungsstelle FrauenLeben Köln e.V., Schwerpunkte sind Sexualisierte Gewalt, Ess-Störungen, Chat-Beratung.

SEINLASSEN. FORMEN UND DIMENSIONEN „NEGATIVER" PERFORMANCE

Dr. phil. Alice Lagaay

Vielen Dank für die Einladung, hier bei der Jahrestagung zu sprechen. Es ist mir ein besonderes Anliegen, die philosophische Arbeit, die zum großen Teil im stillen Kämmerlein stattfindet und oft nur mit FachkollegInnen geteilt wird, außerhalb des universitären Rahmens vorzustellen – und zu schauen, ob sie dort auf positive Resonanz stößt.

Ich werde vom allgemeinen Kontext meiner Forschungen am Institut für Philosophie der Universität Bremen berichten – ohne zu sehr ins Detail zu gehen –, wo ich an einem Projekt zum Thema „Negative" Performance arbeite. Und es wird gleichzeitig darum gehen zu überlegen, was die Philosophie *kann*, worin das kritische Potenzial der Theorie besteht, wenn wir die Problematik(en) der sogenannten „Leistungsgesellschaft" in den Blick nehmen. Was hat die Philosophie in diesem Kontext zu bieten? Es ist vielleicht etwas naiv, aber könnten wir nicht vermuten oder zumindest etwas provokativ behaupten, dass gerade die Philosophie eine Art bevorzugter Ort der Verweigerung gegenüber penetrantem Leistungsdruck ist? Ist die Philosophie nicht als Ort der Zurückhaltung, des Zögerns, des nochmaligen, genauen, differenzierteren Hinschauens zu betrachten? Ist sie nicht auch ein Ort der chronischen Erschöpfung, wo Müde-Sein nichts ist, wofür man sich schämen muss, kein Tabu darstellt, sondern erlaubt ist und sogar gerechtfertigt und notwendig? Müdigkeit nicht als Last, sondern als Quelle betrachtet werden kann?! Denn auch ohne Selbstoptimierungsdruck macht das Leben müde! Was hat also die Philosophie an Reflexion über Müdigkeit zu bieten?

Aber ich drehe die Frage auch gerne um und frage: Welche besonderen Herausforderungen ergeben sich für die Philosophie, wenn wir die Perspektive der „negativen Performance" begrifflich und phänomenologisch entfalten? (Es stellen sich nämlich eine Reihe von methodologischen Fragen; Fragen, die den Kern des Denkens, das Wesen der Sprache berühren: Denn wir kommen mit diesem Thema schnell in einen Raum voller Widersprüche, Paradoxien, Oxymora ... Was natürlich höchst problematisch ist, für den Anspruch des rationalen Denkens, das ja eigentlich oder sogar prinzipiell, alles, was Widerspruch ist, ausschließen will ...).

Das sind also mindestens zwei verschiedene Richtungen von Fragestellung, die mich hier unterschwellig beschäftigen, und über die ich gerne mit Ihnen diskutieren möchte: Was kann die Philosophie einerseits, was müsste sie können und was sind andererseits ihre Grenzen?

Zuerst aber eine kurze Vorbemerkung, vielleicht eine Art Vorwarnung. Ich biete hier keine praktische Hilfestellung, keine Lösungen für das Problem, das wir alle kennen (und jüngere Generationen wahrscheinlich immer besser kennenlernen werden): nämlich das Problem der „Leistungsgesellschaft", des „Selbstoptimierungswahns". Andere Philosophen gehen sicherlich konkreter darauf ein. Es gibt zahllose Selbsthilfe-Bücher über Gelassenheit und wie man das „Süße Nichtstun" besser praktizieren soll. Zu empfehlen sind z. B. die Bücher von Tom Hodgkinson: „Anleitung zum Müßiggang" oder ein Favorit von mir: „Leitfaden für faule Eltern"[1]...

---

[1] Tom Hodgkinson: Anleitung zum Müßiggang, Insel Verlag 2013; Tom Hodgkinson: Leitfaden für faule Eltern, Rororo, 2011.

Ich gebe zu, ich bin immer etwas skeptisch gegenüber Philosophien oder Theorien, die so etwas wie „praktische Anwendbarkeit" versprechen. Es ist jedenfalls nicht mein Geschäft. Nicht dass es ganz falsch wäre, nicht dass es gar nicht zu wünschen wäre, dass Sie nach dieser Tagung nach Hause gehen und inspiriert sind: nichts zu tun. Inspiriert sind, den Druck, Ihren eigenen Anspruch des Schaffens und des Schaffenwollens etwas runterzudrehen; die Füße hochzulegen, etwas mehr Gelassenheit zu üben ... Oder wenn Sie sich durch unsere Diskussion ermutigt fühlen, anstatt ständig gegen Ihre eigene Müdigkeit zu kämpfen, sie wirklich zuzulassen. Wenn Sie Ihren Erschöpfungszustand auf eine neue Weise willkommen heißen können.

Ein Grund, warum ich aber kein pragmatisches Ziel explizit verfolge, hängt damit zusammen, dass das, worum es mir hier geht, genau mit einer Problematisierung dieses „Um-Zu" (zielgerichteten) Denkens zu tun hat. Es hat mit dem Versuch zu tun, das Teleologische, des Um-Zu-Denkens ein Stück weit, zumindest für eine kurze Zeit, außer Kraft zu setzen. Damit ist also ein Grund genannt, warum mein Vortrag kein solches Ziel verfolgt, überhaupt kein Ziel verfolgt, denn sonst würde ich mir sofort performativ widersprechen. Mein Vortrag wäre fest im Leistungsparadigma, dem Effektivitätsparadigma (um nicht schon von Terror des Sinns zu sprechen) verankert, verhaftet ... Und genau das möchte ich ja – zumindest für die Dauer dieses Vortrags – versuchen zu vermeiden. (Was gleichzeitig eigentlich unmöglich ist. Wir berühren also tatsächlich eine Dimension des Un-Verfügbaren. Aber dazu später mehr.)

Ich werde also keine Lösungen vorschlagen, sondern höchstens einige Probleme oder Denkgesten, Denkhorizonte schildern und dabei bestenfalls versuchen, einen Raum zu eröffnen, eine Art *Unterbrechung in der Maschinerie des Tuns*, eine Unterbrechung der Sinn-Maschine ermöglichen, eine Leerstelle kreieren, in der wir zusammen – aber auch jede für sich – einen Denkweg bzw. ein Gedankenexperiment ausprobieren können oder vielleicht auch eine *Grenzerfahrung* machen: Ich schlage vor, dass es eben nicht immer darum geht, alles zu verstehen und einordnen zu können, also zu konsumieren, leicht verdauen zu können, sondern dass es vielleicht gerade darum geht, sich auf etwas Fremdes, nicht Verdaubares einzulassen. Die Erfahrung des *Nicht-Verstehens* also nicht automatisch ausschließen, ausbügeln zu wollen, sondern im Gegenteil, diese Erfahrung des Nicht-Verstehens als solche wahrzunehmen, sie zu tolerieren, auszuhalten, nicht davon zu rennen ... und sogar (wie Kinder eine Fremdsprache) zu genießen.

Der Semiologe Roland Barthes (einer meiner Go-To-Autoren in all diesen Dingen) hat ein schönes Bild, das ich gern für die Art von Nicht-Verstehen, die ich hier versuche heraufzubeschwören, evozieren möchte: die *Marinade*.² Eigentlich spricht er über Faulheit und die Kunst des langsamen Lebens, aber es gilt auch für das Nicht-Verstehen – und vielleicht für die Erschöpfung (wir kommen später darauf zu sprechen): Man könne darin „marinieren", sagt er.

Ich lade Sie also heute ein, mit mir in der Erschöpfung und im Nicht-Verstehen zu *marinieren* ...

(Musical Interlude)
I'm So Tired
I'm so tired, I haven't slept a wink
I'm so tired, my mind is on the blink
I wonder, should I get up and fix myself a drink?
No no no
I'm so tired, I don't know what to do
I'm so tired, my mind is set on you
I wonder, should I call you? But I know what you would do
You'd say I'm putting you on, but it's no joke
It's doing me harm, you know I can't sleep
I can't stop my brain, you know it's three weeks
I'm going insane
You know I'd give you everything I've got
For a little peace of mind
I'm so tired, I'm feeling so upset
Although I'm so tired, I'll have another cigarette
And curse Sir Walter Raleigh
He was such a stupid git

2 Roland Barthes: Osons être paresseux. Le Monde-Dimanche, September 16, 1979. Propos recueillis par Christine Eff. In: Oeuvres Complètes V. Livres, Textes, Entretiens, 1977-1980. Paris: Seuil, S. 760-766

> You'd say I'm putting you on, but it's no joke
> It's doing me harm, you know I can't sleep
> I can't stop my brain, you know it's three weeks
> I'm going insane
> You know I'd give you everything I've got
> For a little peace of mind
> I'll give you everything I've got
> For a little peace of mind
> I'll give you everything I've got
> For a little peace of mind
>
> John Lennon / Paul McCartney
> The Beatles, White Album, 1968

Das Motto für die Marinade könnte folgendes Zitat sein:
„Ich fordere nicht, die Müdigkeit abzuschaffen ... Ich möchte dorthin zurück, wo es möglich ist, müde zu sein."

Der Satz stammt vom enigmatischen Schriftsteller und Philosophen Maurice Blanchot.[3]

Und Roland Barthes, der die Erschöpfung und das Nicht-Verstehen auch sehr zu schätzen wusste, knüpft an – in einem Text zum Neutrum, zu dem ich gleich zurückkomme:
„Ist Müdigkeit (vielleicht) der Preis dafür, nicht arrogant zu sein?"

I „Negative" Performance

Seit einigen Jahren beschäftigt mich die Idee der „negativen Performance", verstanden – zunächst – als die Kehrseite des Paradigmas des Performativen. Denn seit dem Ausruf des sogenannten „perfor-

---

[3] Maurice Blanchot. L'entretien infini. Paris: Gallimard, 1967. S. XXI. Zitiert von Roland Barthes in Das Neutrum, Vorlesung am Collège de France 1977-1978. Hg. Eric Marty. Übersetzt von Horst Brühmann. Frankfurt/M: Suhrkamp 2005, S. 50.

mative turn", eingeleitet durch die Sprechakttheorie J. L. Austins, haben sich die Geistes- und Kulturwissenschaften besonders auf die Seite des Produzierens, Herstellens und Erzeugens konzentriert – und damit das Bild des Menschen als *homo creator* und *homo generator* in den Vordergrund gerückt: Der Mensch sieht sich als Subjekt, insofern die ehemals göttliche Erzeugungskraft nun als sein eigenes demiurgisches Potenzial entworfen und begriffen wird.

Eine Konsequenz dieser Betonung der realitätskonstituierenden Wirkmacht menschlicher Tätigkeit ist ein theoretisches Kaprizieren auf menschliche Invention, Intervention und Innovation bei gleichzeitiger und einseitiger Betonung von Produktivität und Leistungsfähigkeit. (Kein Wunder, dass wir alle erschöpft sind!)

Mit dem Paradigma der Performance, so könnten wir zusammenfassen, bedeutet Mensch zu sein primär tatkräftig, potent und produktiv zu sein. Dabei werden sowohl die Kehrseiten der Handlungen (z. B. Nichttun, Unterlassen, Sich-Zurückhalten), als auch die nicht produktiven, nicht effektiven Aspekte von Handlungen tendenziell ausgeblendet.

Die forschungsleitende Frage, die sich hier demnach aufdrängt lautet: Ist es möglich, den Begriff der „menschlichen Performance" von seinem generativistischen Grundzug abzulösen? Wie kann die Rückseite der Tat, die immer ein Widerfahrnis ist, die Kehrseite des Machens, das immer ein Empfangen ist, die Grenzen des Vollzugs, der immer ein Entzug ist, der Umschlag der Macht, der sie als Ohnmacht zeigt, konzeptuell bearbeitet und für eine erweiterte Theorie der Performance/des Performativen fruchtbar gemacht werden? Wie kann also „Kreativität" auf eine nicht-demiurgische Weise verstanden werden? Ferner: gibt es innerhalb der Kultur- und Geisteswissenschaften den Raum für ein Bild des Menschen, das nicht primär auf dessen Produktivität hin orientiert ist? Und wenn es sich als möglich und sinnvoll erweisen sollte, einen solchen Raum zu eröffnen, was wären dann die ontologischen, epistemologischen, ethischen, ästhetischen, oder sogar pädagogischen und ökonomischen Konsequenzen eines solchen Zugs?

Das war also die Ausgangsfrage meiner Arbeit.

Im Versuch sie zu beantworten, habe ich zunächst damit begonnen eine Art „Landkarte der negativen Performance" zu zeichnen. Stationen auf dieser Landkarte sind zum Beispiel: das Schweigen und die Stille, die Langeweile, der Anteil von Passivität in jeder Aktion, verschiedene Figuren des Lassens (loslassen, auslassen, verlassen, sich überlassen, sich einlassen, sein lassen), sowie Formen des Nichttuns (zögern, warten, schlafen, faul sein, sterben). Die Müdigkeit (als Erfahrung, als Phänomen) gehört eindeutig zu diesem breiten Spektrum von Phänomenen der „negativen Performance": Die Erfahrung der Müdigkeit, der Erschöpfung, zeigt, dass wir keine Götter sind, die Helligkeit des Lichtes nicht pausenlos ertragen, nicht immer nur aktiv sein können. Körper und Geist brauchen den Schlaf, wir brauchen den Traum, um Kräfte zu sammeln, zu regenerieren; wir brauchen den Rückzug, die Auszeit und die Dunkelheit, wir brauchen die Negativität.

Was sich aber *philosophisch* zeigt, wenn man diese verschiedenen Formen von „negativer" Aktion phänomenologisch anschaut, ist, dass die „Negativität" bestenfalls relativ ist, sich nicht wirklich greifen lässt, sich ständig verschiebt. Denn sobald ich die Performativität etwa des Schweigens berücksichtige, wird das Schweigen zu etwas Sagendem – ist also kein Schweigen im Sinne des Nicht-Sprechens mehr. Sobald ich das Schlafen betrachte, merke ich, dass es alles andere als passiv ist. Phänomenologisch gesehen – ontologisch sogar – ist die „negative" Performance nie wirklich negativ; die negative Dimension ist per Definition unverfügbar, denn da wo es Leben gibt, gibt es keine Inaktivität. Die Idee der „negativen Performance" ist also eigentlich unsinnig.

Ich musste mich also selbstkritisch fragen, ob nicht der Versuch, das Paradigma des Performativen ein Stück weit außer Kraft zu setzen, an sich problematisch ist, bzw. zum Scheitern verdammt, unmöglich und sinnlos ist, denn anstatt es außer Kraft zu setzen, indem ich diese Kehrseiten der Handlung zu greifen versuche, ich, ohne es zu wollen, eigentlich das Gegenteil mache, nämlich das Netz des Performativen einfach vergrößere.

Um die Negativität von negativen Handlungen als solche zu bewahren, bräuchte es quasi eine andere Methode, als die Phänomenologie oder die Wissenschaft im Allgemeinen anzuwenden gewohnt ist: Anstatt das, was ich untersuchen möchte anzuschauen, muss ich eher davon wegschauen. Der Gegenstand der „negativen Performance" verlangt also eine „negative" Methode: Statt wie üblich auf den Gegenstand der Forschung zu fokussieren (ihn unter die Lupe zu nehmen), braucht es ein Sichzurückhalten, ein Zurücktreten; ich muss eine Art periphere Vision üben, die Sache, die ich betrachten und studieren will, im Grunde ignorieren, paradoxerweise mich davon wegdrehen, mich gerade *nicht* dafür interessieren, es vergessen, gerade *um* ihr näher zu kommen. Die Theorie, als klassische Methode der Philosophie, hat ja eigentlich mit interessiertem Sehen, Hinsehen und Begreifen zu tun. In diesem Kontext muss ich aber gerade irgendwie lernen, mich zu *des*interessieren, einen *neutralen* Blick zu schaffen, um der negativen Dimension Raum zu lassen.

Musical Interlude
Asleep
Sing me to sleep
Sing me to sleep

I'm tired and I
I want to go to bed
Sing me to sleep
Sing me to sleep
And then leave me alone
Don't try to wake me in the morning
'Cause I will be gone
Don't feel bad for me
I want you to know
Deep in the cell of my heart
I will feel so glad to go

Sing me to sleep
Sing me to sleep
I don't want to wake up
On my own anymore

Sing to me
Sing to me
I don't want to wake up
On my own anymore

Don't feel bad for me
I want you to know
Deep in the cell of my heart
I really want to go

There is another world
There is a better world
Well, there must be
Well, there must be

> Well, there must be
> Well, there must be
> Well…
>
> Bye bye
> Bye bye
> Bye …
>
> Steven Morrissey / Johnny Marr
> The Smiths, The World Won't Listen, 1987

II Exkurs zum Neutrum

Roland Barthes hat an der Collège de France, kurz vor seinem Tod, eine Vorlesung zum Neutrum gehalten. Barthes scheint übrigens nicht nur das Problem der Müdigkeit gut gekannt zu haben, sondern auch die Schwierigkeit / Unmöglichkeit über das Neutrum auf propositional abschließende Weise sprechen zu können (ohne aus ihm etwas zu machen, das nicht mehr neutral wäre). Das Buch, „Das Neutrum", das aus dieser Vorlesung hervorgeht, besteht nicht aus fertigen Sätzen, sondern – fast ohne Syntax – aus Notizen, d. h. aus Fragmenten von Sätzen, die weniger versuchen das Neutrum zu benennen als vielmehr subtil (seitwärts) in seine Richtung zu zeigen …

Das Neutrum definiert Barthes als „dasjenige, was das Paradigma außer Kraft setzt"[4]. (Paradigma ist hier strukturalistisch definiert als die Opposition zweier virtueller Terme, die jedes Sprechen, sofern es Sinn erzeugt, erst ermöglicht.) Es ist seine persönliche Sehnsucht, einmal frei zu sein von der Domination der immer zu viel sagenden Sprache. Da dieser Wunsch aber nur mittels Sprache zum Ausdruck kommen kann, kann er nie ganz erfüllt werden,

---

4 Roland Barthes, Das Neutrum, op. cit. S. 32.

weil er dem Paradigma zwangsläufig verhaftet bleibt. Das Neutrum bleibt also ein Traum, besser noch: ein Phantasma. Gleichzeitig ist jeder beschreibende Begriff, den wir verwenden können, um das Wesen dieser Sehnsucht nach dem Neutrum zu evozieren („Atopie", „Phantasma" usw.) in Bezug auf das Neutrum auch nie ganz zutreffend. Denn jedes Wort ist von vorneherein verdammt, allzu „bestimmend", „konfliktvoll", „stereotypisch", „arrogant", „faschistisch" zu sein. Jedes Wort impliziert ein „Bemächtigenwollen", das im phantasmagorischen Raum des Neutrums aber fehl am Platz ist. Der Traum des Neutrums ist also in doppelter Hinsicht u/atopisch. Und doch – darin liegt nun der Witz – besteht Barthes' Vorlesung aus der Entfaltung einer Auswahl von durchaus erfahrbaren Instanzen (dreiundzwanzig, um genau zu sein), in denen – oder durch die – das Neutrum sehr wohl zu entdecken, wahrzunehmen und nachzuspüren ist. Ob in der feinen Beschreibung der verschiedenen Modi des Schweigens, der *Erschöpfung*, des Zartgefühls, der Zurückhaltung, des Schlafs, der Farblosigkeit, des Adjektivs, der Toleranz, der Aufrichtigkeit, des Antwortens oder des Androgynen – um nur einige der Figuren des Neutrums zu nennen, die in der Vorlesung behandelt werden – lässt Barthes das Neutrum „aufblitzen".[5]

Die verwendete Metapher des Aufblitzens, des Funkelns oder Schimmerns, ist in Bezug auf das Neutrum deshalb angemessen, weil das Neutrum in Barthes' Sinn eigentlich keinen direkten Zugang erlaubt, keinen objektiven Fokus toleriert. Das Neutrum zeigt sich vielmehr schräg, am Rande des Greifbaren, als Gegenprogramm zum üblichen intellektuellen Impuls eines *„vouloir-saisir"*. Es *manifestiert* sich (durchaus auch im Sinne einer kritischen De-

---

[5] „Nicht ‚Merkmale', ‚Elemente', ‚Bestandteile', sondern was im Aufblitzen funkelt, ohne Ordnung, flüchtig, sukzessiv, im ‚anekdotischen' Diskurs: das Gewebe von Anekdoten des Buches und des Lebens." Barthes, *Das Neutrum*, op. cit. S. 68f.

monstration) im „Heteroklitischen, Unregelmäßigen, Unvorhersehbaren, Abwechselnden"[6], oder als genießbare „Auszeit" („utopischer Schlaf") vor der unablässigen Logik des Zeichenhaften.

Für Barthes benennt das „Neutrum" einen Ort, oder vielmehr eine Art zu leben, ja eine Lebensart, ein *Savoir-vivre*, die nur zu begrüßen und zu suchen wäre. Es ist das, wofür er mit Leidenschaft lebt: „Das Neutrum", sagt er, „ist unverkäuflich."[7] Oder „Das Neutrum – mein Neutrum – kann intensive, starke, unerhörte Zustände aufweisen. ‚Das Paradigma außer Kraft setzen' ist eine leidenschaftliche inbrünstige Aktivität."[8] Für Roland Barthes ist das Neutrale platt gesagt also durchaus etwas „Gutes" – auch wenn er natürlich versteht, dass es ein Ergebnis, sicher auch ein Ziel seiner Sehnsucht nach dem „Neutrum" (seine Wertschätzung des Farblosen etwa) ist, dass das „Positive" sich als nicht mehr ganz so „positiv" herausstellen lässt. Das Paradigma „positiv"/„negativ" (wie vieles andere) wird ja durch das Neutrum „außer Kraft gesetzt".

Rekapitulation: Ich habe zu Beginn angedeutet, dass wir hier mit den Grenzen der Philosophie zu tun haben werden. Ich habe den allgemeinen Kontext meines Forschungsprojektes – in aller Kürze – skizziert und das Problem der Methode erwähnt, wenn es darum geht, die Negativität gerade „nicht" zu (be)greifen, um sie dadurch nicht zu deformieren. Der Exkurs über die Idee des Neutrums bei Barthes diente dazu, einen Versuch zu zeigen, wie das Paradigma der Bedeutung außer Kraft gesetzt werden kann. Es ging darum, auf die Richtung hin zu deuten, in der eine Art von Zwischenraum zwischen „Dies" und „Das", ein Ausweg aus dem sprachlichen Terror des Entweder/Oder liegen könnte.

6 Idem S. 220.
7 Idem S. 43.
8 Idem S. 34.

Nun können wir beginnen, uns dem Phänomen der Müdigkeit bzw. der Erschöpfung anzunähern. Wobei ich noch einmal darauf hinweisen bzw. vorschlagen möchte, dass das *direkte HINSCHAUEN* vielleicht nicht der geeignetste Weg ist, dem Phänomen gerecht zu werden.

I'm Only Sleeping

When I wake up early in the morning
Lift my head, I'm still yawning
When I'm in the middle of a dream
Stay in bed, float up stream (Float up stream)

Please, don't wake me, no, don't shake me
Leave me where I am, I'm only sleeping

Everybody seems to think I'm lazy
I don't mind, I think they're crazy
Running everywhere at such a speed
Till they find there's no need (There's no need)

Please, don't spoil my day, I'm miles away
And after all I'm only sleeping

Keeping an eye on the world going by my window
Taking my time

Lying there and staring at the ceiling
Waiting for a sleepy feeling...

Please, don't spoil my day, I'm miles away
And after all I'm only sleeping

Ooh yeah
Keeping an eye on the world going by my window
Taking my time

When I wake up early in the morning
Lift my head, I'm still yawning
When I'm in the middle of a dream
Stay in bed, float up stream (Float up stream)

Please, don't wake me, no, don't shake me
Leave me where I am, I'm only sleeping

Paul McCartney / John Lennon
The Beatles, Revolver, 1966

III Müdigkeitsgesellschaft (oder was mich erschöpft)

Die Erschöpfung, sagt Roland Barthes, besitzt das eigenartige Charakteristikum „ortlos zu sein" (Neutrum, S. 49). Die Soziologie, die Sprachwissenschaft, die Medizin, die Philosophie hätten sich um die verschiedenen Nuancen der Erschöpfung noch nicht gekümmert. Die Erschöpfung sei deswegen noch nicht kodifiziert: sie gilt z. B. nicht als gerechtfertigte Entschuldigung, wird nicht anerkannt als körperlicher/geistiger Zustand. Als Intensität erkennt die Gesellschaft sie nicht an; man hat kein Recht auf soziale Ruhe.

Seit den späten 1970er Jahren hat sich in dieser Hinsicht einiges verändert; es ist lange kein Geheimnis – und auch kein Tabu mehr: wir leben in einem Zeitalter geprägt von Depressionen, ADHS, Borderline Persönlichkeitsstörung und Burn-Out-Syndrom. Der Philosoph Byung-Chul Han spricht von „Müdigkeitsgesellschaft" und nennt dies das Zeitalter von neuronalen Erkrankungen.[9]

[9] Han, Byung-Chul: Müdigkeitsgesellschaft. Matthes & Seitz Berlin 2010.

Das Bakterielle Zeitalter sei durch die Erfindung von Antibiotika überwunden worden. Dann kam, schreibt Han, das Virale Zeitalter, das durch die Fortschritte in der Immunologie überwunden wurde. Nun seien wir im Neuronalen Zeitalter, in dem die typischsten Krankheiten nicht dadurch zustande kommen, dass der Körper negativen Einflüssen ausgesetzt ist, sondern durch ein Übermaß an Positivität, eine systemimmanente Gewalt, ein Zuviel an Gleichem. Wir erkranken an uns selbst, an einem Mangel an Negativität. Die Disziplinargesellschaft war gestern: Es war eine Epoche von klaren Grenzen (Grenzen zwischen innen und außen, zwischen Gut und Böse: Krankenhäuser, Irrenhäusern, Gefängnissen, Kasernen und Fabriken sind ihr Zeichen). An ihre Stelle ist nun ein andere Gesellschaft getreten, eine aus Fitnessstudios, Bürotürmen, Banken, Flughäfen, Shopping Malls und Genlabors. Die Bewohner dieser Gesellschaft heißen nicht mehr „Gehorsamssubjekte" sondern *Leistungssubjekte*. Sie sind Unternehmer ihrer selbst.

Ich empfehle durchaus die Lektüre von Byung-Chul Hans *Müdigkeitsgesellschaft*, wobei es eine Ebene gibt, auf der das Buch mich kalt lässt: Der Autor ist seiner Diagnostik sehr sicher und behauptet seine Thesen unermüdlich, ohne „vielleicht". Doch ist „vielleicht" nicht das Wort par excellence des „Neutrums"? Hier fühle ich mich eher zu der intimeren, schrägeren Sphäre von Roland Barthes hingezogen.

Was ermüdet? fragt sich Barthes. Und empfiehlt, dass jeder eine Karte seiner Müßigkeiten zeichnen soll. „In welchen Momenten, unter welchen Umständen bin ich ‚ein Reifen, der die Luft verliert' mit dem zusätzlichen Gefühl, dass ich in diesem Falle endlos in mir zusammensinke?" Für sich, aus seinem Leben, nennt er die Konversation als Quelle von Erschöpfung. Hier ein kleiner Auszug aus seinem Tagebuch (aus dem er in der Vorlesung zum „Neutrum" zitiert):

Seinlassen. Formen und Dimensionen „negativer" Performance

„Besuch von X; im Zimmer nebenan redet er unablässig mit meiner Mutter. Ich wage es nicht, die Tür zu schließen. Was mich ermüdet, ist nicht das Geräusch, sondern die Banalität der Unterhaltung (ach, wenn er doch eine mir ungekannte Sprache sprechen könnte, die musikalisch wäre!). Ich bin stets erstaunt (verblüfft) über die Unermüdlichkeit der anderen. Die Energie – und vor alle die sprachliche Energie – macht mich sprachlos: es ist für mich wie ein Zeichen von Wahnsinn. Der andere ist der Unermüdliche." (Das Neutrum, S. 51)

Was ihn außerdem ermüdet, ist die Notwendigkeit sich ständig – und vor allem in Konversationen – „positionieren" zu müssen: *Was in einem Gespräch in Frage steht, ist mein Platz im Verhältnis zu der von den anderen verwendeten Sprache: Es ermüdet mich, meinen Platz zu suchen (und nicht zu finden) (Gespräch zwischen Unbekannten), doch diese Erschöpfung ist nicht dieselbe [...], wenn ich nicht einen Platz (in einem Spiel) einnehmen muss, sondern mich frei flottierend in einem Raum bewegen kann → Platz ≠ Raum. Eine andere Form von Müdigkeit: die der „Stellung", des „Verhältnisses zu": „Wie stehen Sie zum Marxismus, zum Freudianismus, zu x, zu y?", „Welche Haltung nehmen Sie in dieser Frage ein?" Ermüdung: die Frage nach der Position. Die heutige Welt ist voll davon (Wortmeldungen, Manifeste, Unterschriften usw.), und deshalb ist sie so ermüdend: Schwierigkeit, frei zu flottieren, den Platz zu wechseln. (Schweben heißt dagegen einen Raum bewohnen, ohne sich an einem Platz fest zu binden = erholsamste Körperhaltung: Bad, Schiff.)* (Das Neutrum, S. 51f.)

Barthes benennt verschiedene Möglichkeiten sich bei (oder zur) Erschöpfung zu verhalten:
1. Die Erschöpfung als Arbeit
Es ist nicht nur, dass die Arbeit einen z. B. körperlich müde macht, sondern dass sie in gewisser Weise *„erfordert[,] unermesslich müde*

zu sein". In diesem Sinn steht Müdigkeit hier nicht für eine Krise, nicht für etwas, das man überwinden möchte; sie ist, sagt Barthes, *„keine Sache der Muskeln"*, sondern hat eine metaphysische Dimension. Die Müdigkeit, die hier gemeint ist, bringt, in Zusammenhang mit der Arbeit, die Idee der Unendlichkeit ins Spiel. Sie ist hier das Gegenteil des Todes, *„denn Tod = das Endgültige, Undenkbare ≠ Müdigkeit, die erträgliche Unendlichkeit im Körper"*. (Das Neutrum, S. 54).

2. Die Erschöpfung als Spiel
Dass Erschöpfung sozial nicht als Entschuldigungsgrund anerkannt wird, habe ich im Zusammenhang mit der nicht Kodifizierbarkeit von Müdigkeit bereits erwähnt. Doch Barthes erkennt in der Müdigkeit gleichzeitig eine Figur, die durchaus im sozialen Spiel der Ausweichmanöver, der Schutzbehauptungen verwendet werden kann. Man kann, sagt er, nicht nur „seine Müdigkeit ausspielen", sondern auch „mit seiner Müdigkeit spielen", indem man z. B. über sie spricht. Dazu zitiert er Maria van Rysselberghe, die als Vertraute von André Gide den Schriftsteller im Alter von 81 Jahren beschreibt:
„Es entsteht ein sehr subtiles Wechselspiel zwischen der tiefen und echten Erschöpfung [...] und der Art, wie er manchmal damit spielt: unbewusst versteckt er sich dahinter, und zwar dann, wenn Auseinandersetzungen nötig sind. Dann entzieht er sich allem, indem er erklärt: ‚Ach was, im Grunde ist mir das alles egal' (was nur zur Hälfte wahr ist), ich wünsche nur eines, dass man mich in Ruhe lässt'". (Das Neutrum, S. 54)

3. Die Erschöpfung als Schöpfung
Zuletzt bringt Barthes hier den griechischen Skeptiker Pyrrhon ins Spiel. Pyrrhon war des ganzen Geschwafels der Sophisten müde

und verlangte – ein wenig wie Gide –, man solle ihn in Frieden lassen. Indem er so seine Müdigkeit akzeptierte – die Rede der anderen als exzessiv, als erdrückend empfand –, schuf er etwas, das Barthes folgendermaßen (nicht) erklärt:

„[...] *ich sage nicht was, denn eigentlich war es weder eine Philosophie noch ein System; ich könnte sagen: er schuf das Neutrum. [...]*" (Das Neutrum, S. 55)

Die Erschöpfung ist also schöpferisch, vielleicht von dem Moment an, in dem man bereit ist, ihr nachzugeben. Das Recht auf Müdigkeit gehört also zum *Neuen:* Neue Dinge entstehen aus dem Überdruss – aus dem ... „Genug!"
Vielen Dank!

Referenzen:
Barthes, Roland: *Das Neutrum.* Suhrkamp, Frankfurt am Main 2005.
Han, Byung-Chul: *Müdigkeitsgesellschaft.* Matthes & Seitz, Berlin 2010.
Lagaay, Alice: *Ein Schweigen, das nichts sagt? Zur Figur des „Neutrums" bei Maurice Blanchot und Roland Barthes.* In: Sandra Markewitz (Hrsg.): *Jenseits des beredten Schweigens. Neue Perspektiven auf den sprachlosen Augenblick.* 247-265, Aisthesis Verlag, Bielefeld 2013

Diskussion mit dem Publikum

„Ich bin Politikwissenschaftlerin und arbeite in einem kleinen Unternehmen. Dort berate ich Betriebsräte und Gewerkschafterinnen, und vor diesem Hintergrund muss ich mich viel mit Produktivität auseinandersetzen. Ich bin froh, wenn es Ansätze gibt, die infrage stellen, wie unsere Arbeitswelt funktioniert. Ihr Vortrag erinnerte mich sehr an ein Buch, das ich vor Jahren gelesen haben: Bartleby der Schreiber von Herman Melville. Dessen berühmter Satz ist: ‚Ich würde vorziehen, das nicht zu tun.' Das hat mich sehr beeindruckt, nur stellte sich mir am Ende die Frage: Bartleby verschwindet im Nichts. Ist das die Konsequenz von Verweigerung?"

Lagaay: „Das ist ein zentraler Text für die Literaturwissenschaft des 20. Jahrhunderts und der Philosophie. Bartleby stellt eine Herausforderung und ein Problem für die Interpretation dar. Einerseits zeigt sich an der Figur die Verwandlung von einem funktionierenden Kopisten, einem funktionierenden Arbeiter, der Akten in einem Notarbüro abschreibt, in eine Art Materie, die das einfach nicht mehr will. Das Problem: Seine Verweigerung ist so radikal, dass er nicht mehr isst und am Ende im Gefängnis stirbt. Das ist die tragische Geschichte von Bartleby, und die Interpretationen dieser Geschichte sind ganz mannigfaltig und verschieden – als Tragödie oder Parodie oder Analyse der heutigen Verhältnisse. Interessanter aber ist die andere Figur in dem Buch. Das ist sein Arbeitgeber, der wirklich nicht verstehen kann, warum dieser Arbeiter einfach nicht mehr will. Er macht sich tatsächlich Sorgen um ihn, aber letztendlich wird er verrückt. Der Arbeitgeber wird verrückt durch die Verweigerung von Bartleby."

Publikum: „Ich habe eine Frage, die Sie mir vielleicht beantworten können. Warum sind Annika, eine junge Frau, und ich, so aufgewühlt nach Ihrem Vortrag?"

Lagaay: „Das ‚Neutrum' ist eine Provokation. Es fällt in keine Schublade. Die Art und Weise deiner Routine, wie du die Sachen ‚in Schubladen packst', das wird außer Kraft gesetzt. Das ist die Definition des ‚Neutrums', das Paradigma außer Kraft setzen. Das ist nicht bequem. Es ist nicht einfach, und es ist nicht angenehm. Es ist im Grunde das Aufbrechen, das Zeigen der Struktur, der Materie, die hinter und vor dem Zeichen ist. Das ist tatsächlich nicht ohne Gefahr. Natürlich plädiere ich nicht dafür, dass wir ständig diese Grenze überschreiten. Aber es braucht ein Verhältnis, eine Beziehung zu dieser Grenze, damit die Relevanz von dem, was wir sonst tun, sich einerseits zeigt und andererseits relativiert wird."

Publikum: „Ich möchte meine Assoziation zeigen, die ich beim Vortrag hatte: Don't leave anything but footprints! Geh durch die Natur, brich keinen Zweig ab, tritt kein Tier tot, versuch nicht zu begreifen, um es dann zu verändern und eine Straße zu bauen oder dir den Ort anders nutzbar zu machen. So sollten wir vielleicht ab und zu mit uns selbst umgehen."

„Ich möchte Ihnen die Bilder von Astrid Bredereck aus Halle empfehlen, die ich neulich in einer Kunstausstellung gesehen habe. Das ist eine junge Künstlerin, die sich mit Rhythmen des Alltäglichen beschäftigt. Sie verfolgt diese Rhythmen über drei Monate und hat ein Schlafbild gezeichnet, nur mit Strichen und nur, wenn ihr danach war. Es hat ewig gedauert bis dieses Bild entstanden ist. Es ist die Auseinandersetzung mit Zeit. Ich musste die ganze Zeit an das Bild denken und empfehle Ihnen das anzusehen."

Lagaay: „Das werde ich sofort tun. Vielen Dank. Rhythmus ist auch eins von den Dossiers, die Roland Barthes behandelt in seinem Überblick oder Versuch über das ‚Neutrum'. Letztendlich hat all das mit Respekt zu tun – nicht gegenüber dem, was man tut, sondern was man geschehen lässt. Dazu bedarf es einer gewissen Erfahrung, d. h. Zeit, einen Reifeprozess, um das richtige Maß zu finden. Das ‚Dazwischen', nicht zu viel, nicht zu wenig. Bezogen auf die Emotionen zitiere ich oft und gern den viel älteren, holländischen Philosophen Baruch de Spinoza aus dem 17. Jahrhundert. Er sprach über positive und negative Emotionen. Die positiven bauen dich auf und machen handlungsfähig, die negativen machen passiv und nicht handlungsfähig. Die Politik mag uns gerne unfähig halten, damit wir nicht zu gefährlich werden. Der Philosoph aber fragt nach dem ‚Dazwischen', zwischen dem Positiven und dem Negativen. Wo bin ich, wenn ich weder hier noch da bin? Gibt es einen Zustand, eine Emotion, einen Affekt, der kein Konträr hat, wo ich nicht sagen kann, das ist das Gegenteil? Und er sagt: Ja. Ich weiß nicht, ob das stimmt, aber das ist seine Theorie: Das ‚Dazwischen' ist das Wundern. Das Wundern erlaubt kein Gegenteil. Es hat mit beidem zu tun und ist gleichzeitig die Quelle von beidem. Das ist ein schönes Bild, von dem man sich inspirieren lassen kann oder sich kontemplativ darauf beziehen kann. Wenn ich müde und erschöpft bin, bin ich dann im Zustand des Wunderns?"

„Ich bin Psychoanalytikerin. Ich fand Ihren Beitrag großartig. In Bezug auf meine Profession, an der ich so viel kritisch sehe, gehört dieses ‚Dazwischen', der Intermediärraum, das Nicht-Verstehen unabdingbar dazu. Es gibt ganze Konzepte über die Müdigkeitsreaktionen von Psychoanalytikern. Das finde ich eine gewinnbringende Seite an der psychoanalytischen Methode – Gewinn ist natürlich wieder zu performativ formuliert. Ich denke auch in Bezug auf die Gesundheit der Frauen ist der Hinweis wichtig, nicht zu aktiv, zu eng, zu richtungsweisend zu sein, etwas im Sinn zu haben, sondern dass auch das Offene, das Vielleicht, das Ich-weiß-es-noch-nicht seinen Platz haben muss."

Lagaay: „Das gilt auch für Beziehungen. Damit eine Beziehung entstehen kann, braucht es Distanz. Damit du etwas sehen kannst, musst du Abstand halten, sonst siehst du nicht, was los ist."

„Ein wunderbarer Vortrag, Frau Lagaay. In der Zeit, wo alles auf Wachstum getrimmt ist, wo der Kapitalismus und die Globalisierung am Ende sind, zeigt Ihr Vortrag wie kreativ, wie kraftvoll Philosophie sein kann, um daraus etwas Neues zu schaffen. Das ist der wirkliche Paradigmenwechsel. Das war wunderbar."

„Ich bin Ärztin in Mainz. Ich habe eine Frage: Dieser Zustand, den Sie besprechen, ist der nur zu erreichen, wenn ich quasi allein mit mir in meinem Kämmerlein bin oder auch in Beziehungen? Denn spätestens, wenn ich mit einer Gegenseite zu tun habe – was immer das jetzt auch ist, ein missbrauchender Mann oder die IS – wenn ich in einer Beziehung zu einem Feind stehe, muss ich dann nicht Position beziehen? Es ist ermüdend, wenn diese Leute meine Grenzen überschreiten, sei es im Privaten, Politischen oder im Beruflichen, und ich permanent damit beschäftigt bin, diese Grenze wieder aufzurichten. Bin ich dann nicht doch gezwungen performativ zu reagieren?"

Lagaay: „Ich glaube nicht, dass jemand behaupten könnte und es richtig wäre, ständig im ‚Neutrum' zu sein. Das ‚Neutrum' ist atopisch und utopisch. Wir können uns lediglich in diese Richtung bewegen, die Dauer der Momente in diesem Zustand genießen und ausdehnen. Eines aber ist klar: Das ist nicht der Modus, in dem die Welt funktioniert. Das muss auch nicht sein. Darum geht es nicht. Es geht nicht darum, komplett und total zu verweigern. Das wäre so wie der Tod von Bartleby. Aber gleichzeitig ist es vielleicht eine Qualität, die es ermöglicht, Beziehungen miteinander zu vergleichen. In welcher Beziehung kann ich Ruhe haben, bekomme ich Energie? In welcher werde ich eher ausgesaugt? Barthes sagt das sehr schön in seiner Beschreibung von guten Beziehungen. Im Grunde, etwas übertrieben, bedürfen gute Beziehungen keiner Gespräche. Die Jungen finden immer, dass zum Beispiel alte Ehepaare deprimierend aussehen. Aber diese Ruhe der alten Ehe ist vielleicht gar nicht so negativ."

Zur Person

Dr. phil. Alice Lagaay wuchs in England und Frankreich auf und ist wissenschaftliche Mitarbeiterin am Institut für Philosophie der Universität Bremen. Ihre Forschungsschwerpunkte sind die Philosophie der Stimme, des Schweigens und die Beziehung zwischen Performance und Philosophie. Langjährige Forscherin im Sonderforschungsbereich „Kulturen des Performativen" an der Freien Universität Berlin, wo sie 2007 mit einer Dissertation zur Philosophie der Stimme promoviert wurde, arbeitet sie zur Zeit an einem Buch zum Thema „Seinlassen. Figuren und Dimensionen ‚negativer' Performance".

Visitenkarten-Party

Eine Visitenkarten-Party eröffnet einen Raum für Kontakte und Vernetzungen. Auf acht Stellwänden wurden verschiedene Themen angeboten, teils von einer Moderatorin vorbereitet, teils spontan aus dem Tagungsablauf entstanden. Fünf Themen wurden aufgegriffen und Gruppen gebildet bzw. weiterentwickelt.

Das Junge Forum

Das Junge Forum wurde von Sunya-Lee Antoine (Gesundheitswissenschaftlerin) und Nadine Glade, M.A. (Doktorandin im Fachbereich Public Health an der Medizinischen Hochschule Hannover und der Jade Hochschule, Studienort Oldenburg) vorbereitet und moderiert. An dem ersten Treffen des Jungen Forums im Rahmen der Visitenkarten-Party der AKF-Jahrestagung

nahmen insgesamt 14 Frauen teil. In einer ersten Kennlernrunde erzählte jede Frau etwas über sich und über die Themen, die sie gern im AKF bearbeiten möchte. Die hier gesammelten Themen sind sehr vielfältig – sie reichen von Schönheitsidealen bis Interkulturalität.

Die jungen Frauen haben Interesse im Jungen Forum mitzuarbeiten, weil sie sich mit anderen vernetzen möchten und neue Arbeitszusammenhänge suchen. Zudem sind sie in anderen gesellschaftlichen Zeiten und mit anderen feministischen Diskursen aufgewachsen; beides wollen sie in den AKF einbringen.

Mit Blick auf die aktuelle Altersstruktur des AKF möchte dieses Forum auch dazu beitragen, die Themen, welche insbesonders *junge* Frauen bewegen, stärker in die Arbeit des AKF hinein zu tragen. Zudem wünschen sich die jungen Frauen einen aktiven und produktiven Austausch zwischen den Generationen und keine „Fronten" zwischen vermeintlich „alten" und „neuen" Positionen.

Neben den Inhalten diskutierten die Frauen auch über die möglichen Arbeitsweisen des Jungen Forums. Hierbei gab es die Überlegung, kleinere Arbeitsgruppen zu bilden, die dann an verschiedenen Themen arbeiten. Aufgrund der knappen Zeit während der Visitenkarten-Party gab es den Vorschlag, ein längeres Treffen zu organisieren – dieses Treffen soll zur Vertiefung der bereits angerissenen Diskussionen um Themen und Arbeitsweisen beitragen. Hier soll herausgearbeitet werden, wie und zu welchen Inhalten die Frauen des Jungen Forums längerfristig arbeiten möchten und qua eigener Ressourcen auch können. Dieses Treffen ist bereits im Februar 2015 in Köln geplant.

Ein Anliegen des Jungen Forums ist es, die erarbeiteten Inhalte als Workshops in die AKF-Jahrestagung 2016 zu dem Thema „Wie verändern sich Beziehungen" einzubringen.

- Ansprechpartnerinnen für das Junge Forum sind
  Sunya Lee Antoine *Sunya-Lee.Antoine(at)uni-wh.de* und
  Nadine Glade *nadine.glade(at)jade-hs.de*.

Die Arbeitsgruppe
Gesundheit lesbischer und bisexueller Frauen

Zum Thema „Gesundheit lesbischer und bisexueller Frauen" trafen sich neun Frauen. Sie interessierten sich für die Arbeitsweise der gleichnamigen Fachgruppe, die von Maria Beckermann vertreten wurde. Die Gruppe trifft sich nicht regelmäßig, sondern arbeitet projektbezogen. Der Kontakt findet überwiegend über E-Mail statt, auf diesem Wege werden Projekte geplant und Informationen ausgetauscht. Es geht darum, wichtige Aspekte zum Thema Gesundheit lesbischer und bisexueller Frauen öffentlich zu präsentieren, z. B. in Form von Vorträgen und Workshops auf Kongressen, Publikationen und Forschungsprojekten. Die Frauen in dieser Runde brachten unterschiedliche Bedürfnisse zum Ausdruck, angefangen von einer Gruppe, die sich regelmäßig trifft und zu queer/lesbischer Identität austauscht bis hin zu dem unverbindlichen Bedürfnis, Informationen auszutauschen.

- Sprecherinnen der Gruppe sind
  Helga Seyler *helga.seyler(at)gmx.net* und
  Gabi Dennert *g.dennert(at)web.de*.

Die Gruppe Ganzheitliches Coaching und Gesundheit

Die Gruppe „Ganzheitliches Coaching und Gesundheit" traf sich spontan auf Initiative der Kölner Coaching-Expertin Birgitt E. Morrien. Das Treffen ermöglichte den an der Fachtagung teilnehmenden Coaches, sich kollegial über Erfahrungen und Perspektiven auszutauschen. Es ergab sich ein reges Gespräch, da die vier Teilnehmerinnen sowohl aus natur- wie aus geisteswissenschaftlichen Berufstraditionen stammen. Auch verteilt sich ihr Beratungsfeld zu einer Hälfte auf den sozialen Bereich, zur anderen Hälfte auf die freie Wirtschaft.

Einig waren sich die vier Expertinnen darin, dass ganzheitliche Konzepte im Coaching gegenüber rein kognitiv ausgerichteten zu bevorzugen seien, da sich diese in der Praxis als besonders wirksam erwiesen haben. Grundsätzlich sehen die vier Coaches auch in Zukunft weiterhin hohen Aufklärungsbedarf zur Theorie und Praxis von Coaching als ebenso effizienter wie junger Beratungsprofession – dies sowohl in der Öffentlichkeit allgemein als auch insbesondere mit Blick auf Ärztinnen und Psychologinnen.

Ziel sei es, dass sich berufsbezogenen Coaching-Konzepte einerseits und ärztlich-psychologische Heilansätze andererseits zukünftig noch stärker wechselseitig unterstützen. Dafür muss jedoch die Professionalität der Coaches sowie die Qualität ihrer Beratung gewährleistet sein. Inzwischen haben Verbände im Coaching-Segment teils hohe wissenschaftliche Standards entwickelt, um Transparenz in den boomenden Coaching-Markt zu bringen. So etwa der führende Deutsche Bundesverband Coaching DBVC. (*www.dbvc.de*)

- Teilnehmende Coaches
Rita Cleuvers, Personal Coach & NLP Health Coach, Köln.
Mehr Informationen: *www.ritacleuvers.com*
Waltraud Friedrich, Diplom-Biologin, Systemische Beraterin und Coach in Bielefeld.
Mehr Informationen: *www.Waltraud-Friedrich.de*
Birgitt E. Morrien, US-diplomierte Kommunikationswissenschaftlerin, Senior Business Coach DBVC und Buchautorin, Köln/Berlin.
Mehr Informationen: *www.COP-Coaching.com* (Homepage) und *www.Coaching-Blogger.de* (Weblog)

Andrea Wirbka, Dipl. Sozialpädagogin, gestalttherapeutische Beraterin und integrative Suchttherapeutin.
Mehr Informationen: *www.burnout-koeln.de*

Die Spendengruppe

Spontan fanden sich vier Frauen, die die finanzielle Situation des AKF auch aus früherer Zeit kennen. Mit gesammelter Expertise beraten sich die aktuelle Kassenwartin Ellen Ohlen-Wallenhorst, die zwei ehemaligen Kassenwartinnen Christiane Niehues und Cornelia Hinrichsen sowie Claudia Czerwinski als Gründungsvorsitzende über die Finanzen des AKF. Das lässt hoffen!
• Ansprechpartnerin ist Ellen Ohlen: *ohlen@t-online.de*

Die Hebammengruppe

Die vier Hebammen Ute Höfer, Christine Borchard, Renate Egelkraut und Birgit Przyrembel haben beschlossen, eine Heb-

ammengruppe im AKF zu gründen. Sie soll erst einmal so etwas wie ein Expertengremium sein, das sich einmal jährlich bei der Jahrestagung treffen wird und sich ansonsten per E-Mail austauscht.
* Ansprechpartnerin ist Ute Höfer: *hoefer@t-online.de*

Psychische Gesundheit aus biologischer Sicht. Vertiefung der Erkenntnisse aus der Epigenetik

Dr. phil. Vanessa Lux

Workshop-Ankündigung

Epigenetik untersucht molekulare Mechanismen, die die Aktivität von Genen beeinflussen. Hierzu gehören etwa an die DNA angelagerte Methylgruppen, molekulare Veränderungen der Histone, um die die DNA gewickelt ist, oder auch kleinste RNA-Moleküle. Sie sorgen dafür, dass Haut und Nervenzellen unterschiedlich funktionieren, obwohl sie die gleiche DNA enthalten. Epigenetische Mechanismen sind aber nicht nur an der Zelldifferenzierung beteiligt, sondern regulieren auch den alltäglichen Zellstoffwechsel und haben funktionelle Bedeutung. In Nervenzellen sind sie vermutlich an der Gedächtnisbildung beteiligt. Einzelne von ihnen interagieren mit Umwelteinflüssen. Tierversuche haben gezeigt, dass bestimmte epigenetische Mechanismen sogar für psychischen Stress und traumatischen Erfahrungen sensibel sind. Mit der Epigenetik wird daher das Ende des genetischen Determinismus assoziiert. Zugleich bietet sie Anknüpfungspunkte für eine molekulare Selbstoptimierung. Im Workshop wird in die wichtigsten epigenetischen Mechanismen eingeführt und der Stand der Forschung zu epigenetischen Folgen von Stress und Trauma vorgestellt. Gemeinsam soll erarbeitet werden, wie das der Epigenetik zugrunde liegende Menschenbild zwischen Abschied vom genetischen Determinismus und neuer Anforderung zur Selbstoptimierung zu bewerten ist.

Vanessa Lux stellt sich zuerst vor. Sie hat Psychologie studiert und promoviert zum Thema „Bedeutung der modernen Genetik für die psychologische Praxis aus einer Biologismus-kritischen Perspektive". So ist sie zur Epigenetik gekommen, mit der sich die Hoffnung verbindet, den „genetischen Determinismus" überwinden zu können. Über Jahrzehnte (und auch heute noch) gibt es in der klassischen Genetik – aber auch in Teilen in Molekularbiologie eine dominierende Vorstellung: Das Genom ist eine Art Einbahnstraße. Ein Gen oder das Zusammenspiel mehrerer Gene sind weitgehend stabil. Sie determinieren Stoffwechselprozess, also auch Störungen in diesen Prozessen, körperliche Merkmale und geistige Fähigkeiten oder „Unfähigkeiten". Bestenfalls können einmalige Ereignisse – erbschädigende Umweltgifte – Chromosomen oder Genabschnitte schädigen, die dann weitervererbt werden. Die Epigenetik geht von einer dynamischen und wechselseitigen Beziehung zwischen Chromosom, Genen und umweltbezogenen oder auch psychischen Prozessen und der embryonalen Entwicklungen aus.

Im Workshop werden die Grundlagen der Epigenetik vorgestellt. Was ist Epigenetik? Was sind die Mechanismen, die diskutiert werden? Welche Forschungen zu epigenetischen Mechanismen gibt es in Bezug auf die Entstehung von Trauma und Stress – im Tierversuch und am Menschen. Nach einer Pause und der Lektüre von zwei Texten aus eher populärwissenschaftlichen Büchern, können die Teilnehmerinnen diskutieren, wie dieses neue Wissen aus der Molekularbiologie in ein Menschenbild transportiert wird.

Was ist Epigenetik?

In den aktuellen Debatten zur Epigenetik wird Conrad Waddington als Schöpfer dieses Begriffs genannt. Der Wissenschaftler kommt aus der Embryologie. Er hat sich zeitlebens mit den Forschungsfeldern Embryologie und Genetik beschäftigt. Was ihn interessierte, ist das sogenannte Entwicklungsparadox: Wie kommt es,

Psychische Gesundheit aus biologischer Sicht

dass scheinbar gleiche Erbmechanismen in einer Zelle und im Körper so unterschiedlich in Erscheinung treten. Wie kommt es, dass sich bei ähnlichen genetischen Grundlagen Zellen im Körper ganz unterschiedlich entwickeln können? Oder: Wie können sich Organe entwickeln? Welche Prozesse aus umliegenden Zellen und auch der weiter gefassten Umwelt spielen dabei eine Rolle? Waddington wollte die Embryologie mit der Genetik versöhnen. Sein Modell ist auf der Folie abgebildet und findet sich auch in der Presse wieder und ist auch heute noch eine Art Referenzmodell dafür, wie eine Zelle sich verhält. Es ist eine graphische Hilfsdarstellung: Heute würde man sagen, dass dies eine „totipotenter" Zellzustand ist, der sich erst während der Zell- oder Organentwicklung spezialisiert, sich einem spezifischen Pfad entlang entwickelt. Diese Graphik wird auch „epigenetische Landschaft" genannt, in der verschiedene Gene miteinander interagieren und diese Landschaft in ihrer Struktur stark formen, „also die Möglichkeitsräume öffnen oder vorgeben, in denen sich die Zelle entwickeln kann" (Vanessa Lux), in der Umwelteinflüsse eine Rolle spielen, die biologische Prozesse in einer Zelle stören oder anstupsen können. Das Modell hat sich über die Zeit verändert. Waddington meinte, das habe etwas mit Epigenesis zu tun, mit der Entfaltung des Gewebes, mit dessen Formbildung, aber auch mit der Genetik. Daraus resultiert der Begriff Epigenetik.

Heutzutage wird Epigenetik unter molekularbiologischer Perspektive betrachtet: der Möglichkeit DNA zu sequenzieren, also die Abfolge ihrer vier Basen zu ermitteln, Stoffe in der Zelle auf molekularer Ebene „präziser" zu bestimmen, die Interaktionsprozesse innerhalb der Zelle in Computermodellen zu simulieren. Der Begriff und die Referenz auf Waddington hat sich gehalten, aber der Blick geht nicht von der klassischen Genetik zu Zeiten Waddingtons aus, sondern von der „modernen" Vorstellung des Genoms. Also wird die molekulargenetische Epigenetik interpretiert als „the study of mitotically and/or meiotically heritable changes in gene function that cannot be explained by changes in DNA sequence". Es geht um die Studie der erblichen Veränderungen in den Genfunktionen, die in Körper- und Keimzellen stattfindet und nicht über Veränderungen in den DNA-Sequenzen erklärt werden kann. Auffällig ist, dass es sich um eine Negativfunktion handelt. Man weiß nicht, was Epigenetik ist, aber was sie nicht ist, weiß man wohl. Epigenetik, so die Hoffnung, soll erklären können, was mit dem bisherigen Wissen über Genfunktionen nicht erklärt werden konnte. Alles ist also offen, und die Forschung hat neue, zu erobernde Wissenshorizonte vor sich. Das spielt in der Krebsforschung, in der biologisch ausgerichteten Psychiatrie eine gewichtige Rolle; auch in der Embryonalentwicklung. Wieso vermehren sich Zellen unkontrolliert oder kontrolliert? Das Interesse richtet sich erst einmal auf die körperlichen Abläufe, wo Zellen sich regelmäßig teilen und erneuern und dafür sorgen, dass Gewebe stabil bestehen bleibt, z. B. der Haut oder der Leber. In den neueren Debatten geht es weniger um die Frage von Vererbbarkeit, also was die Gene in der Zelle verändern und modulieren sollen. Wichtiger ist die Bedeutung für psychische Abläufe, für alle möglichen Formen molekularer Anpassung und Regulation.

Was sind diese Mechanismen?

Die zwei Hauptmechanismen, die in der epigenetischen Forschung zentral sind, ist die DNA-Methylierung und die histone Modifikation. Die Folien zeigen keine Wirklichkeit. Es sind Modellbilder, Versuche eine Theorie zu bebildern, Versuche, sich dem anzunähern, was der theoretischen Annahme gemäß in der Zelle passiert. Grundgedanke ist: DNA liegt nicht als Einzelsequenz vor – ohnehin als Doppelhelix –, aber auch nicht immer in der gleichen Form: Sie ist nicht immer ausgerollt, sondern „im chromosomalen Zustand mal mehr, mal weniger eng verpackt" (Lux). Die Art, wie diese DNA ist, soll eine wichtige Funktion haben in der Gen-Expression. Ein Mechanismus, der dafür wichtig ist, wird Histone genannt: das wird vorgestellt als Blöcke, um die sich die DNA wickelt und je nach Bindungseigenschaften, abstoßend oder eher bindend, sind diese Blöcke mehr oder weniger kompakt. Das soll die Zugänglichkeit der DNA beeinflussen und wie sie „transkribiert" werden kann. All das sind Modellvorstellungen. Ein möglicher epigenetischer Faktor wäre die Histonmodifikation, die Anlagerung verschiedener Moleküle, die deren biochemische und physikalische Eigenschaften beeinflussen und dadurch auch die Struktur des Moleküls – also die Art und Weise, wie die DNA in der Zelle vorliegt – sich verändert oder verändert wird.

Und die zweite, eigentlich die häufigste Variante von epigenetischen Mechanismen, die in der Forschung beachtet wird, wird DNA-Methylierung genannt. Von Bedeutung ist für die Forscher, wie sich Cytidin und Guanin, zwei Basen der DNA, aneinander binden. Auch das scheint die Gen-Expression, also ob und wie ein Gen aktiv ist, zu beeinflussen. Eine Form der Regulierung, man ist sich noch nicht sicher, soll Enzyme, die die DNA ablesen und in RNA überschreiben, blockieren können. Es ist allerdings auch schon behauptet worden, dass genau das die Transkription erhöht. Genaues weiß die Forschergemeinde noch nicht, bzw. es gibt darüber noch keinen dominierenden Konsens. Viele gehen aber davon aus, dass so die Transkription erschwert wird. Die roten Pünktchen in dem Modellbild – hier im Feld der Krebszellen – sollen Methyl darstellen und den Normalzustand. Werden sogenannte Onkogene aktiv, entsteht eine chromosomale Instabilität und Krebszellen können sich unkontrolliert vermehren.

Doch nochmal zu dem Modell von den Histonen. Am häufigsten werden Acytelierung, Methylierung und Phosphorylierung untersucht. Von den anderen genannten Funktionen wissen die Forscher noch nicht so viel. Im Grundsatz geht es ihnen darum zu ermitteln, wie die vorhin erwähnten „Blöcke" entstehen, wie sie sich mit anderen Blöcken verhalten, wann sie die strukturbildende Funktion aufgeben und welche DNA-Teile dadurch zugänglich werden, wie überhaupt eine Eiweißsynthese entstehen kann.

Der dritte Mechanismus wird RNA Interferenz genannt. Das kommt aus der Diskussion um virale RNA. Was passiert, wenn diese RNA in die Zelle kommt und dort repliziert wird? Es soll mehrere RNA-Stränge in der Zelle geben, die miteinander interagieren. Manche Prozesse scheinen sich gegenseitig zu blockieren, manche RNA-Stränge sollen sich aneinander lagern oder verlängern und dadurch die Synthese von Proteinen verändern. Diese RNA scheint auf unterschiedliche Art und Weise in diese Proteinbildung eingebunden zu sein und scheint diese auch unterdrücken zu können.

In der Diskussion sind sogenannte Mikro-RNAs. Das sind winzige Abschnitte der RNA, die durch umliegendes Gewebe aus anderen Zellen gelangt. Früher hat man gedacht, das hat keine Funktion, ist eine Art „Müll" am Rande der Zellproduktion. Heute denken die Experten und Expertinnen, dass diese Zellbestandteile in Teilen doch relevant sind. In welcher Weise ist nicht bekannt bzw. darüber gibt es noch keinen Konsens. „Manche RNA scheint im Zellplasma immer da zu sein und über die Zellteilung im Körper immer weiter transportiert zu werden. Andere scheinen wir sogar über die Nahrung aufzunehmen" (Lux). All das ist Gegenstand der Forschung.

All das betrifft die Zellbiologie. Bezogen auf die Embryonalphase denkt man sich das so: Alle Gene für einen sich entwickelnden Embryo sind vorhanden. Sie können abgerufen werden, und das würde über die erwähnte Methylierung reguliert. Während der körperlichen Entwicklung können viele Fehler passieren. Die Re- und Demethylierung sollen eine Art Sicherungsstruktur darstellen, um diese Fehler zu korrigieren. Eine zweiter Mechanismus wird als das „Imprinting maternaler und paternaler DNA" genannt. Das soll in der Tiergenetik, aber auch beim Menschen erkannt worden sein. Die DNA liegt immer doppelt aus beiden Keimzellen vor, soll aber nicht immer doppelt aktiv sein – auch um mögliche krankmachende Faktoren nicht zum Zuge kommen zu lassen. Deshalb gäbe es auch dieses „Imprinting".

„Mit den neueren Methoden, den Sequenzierungsverfahren, hat man festgestellt, dass eine zunehmende Differenz der DNA-Methylierungsmuster über die Biografie eines Menschen stattfindet. Also über die Embryonalphase hinaus, nach der Geburt bis ins hohe Alter, sollen immer wieder Veränderungen an der Methylierung stattfinden." (Lux) Wieso sollten die Zellprozesse auch immer stabil bleiben? Die DNA soll ja potenziell immer wieder zerfallen, ständig repariert werden, das soll eben auch der Methylierung zu eigen sein, wie aus Forschungen an eineiigen Zwillingen geschlussfolgert worden ist. Die Differenz ist relativ hoch. Wenn die Zwillinge drei Jahre alt sind, ähneln sich die Chromosomen mit ihren Methylierungsmustern. Was rot angezeigt ist, zeigt die Differenzen, die im Alter zahlreicher werden, aber auch nicht in allen Chromosomen gleich.

Die Frage, die sich dann gestellt hat: Sind diese Veränderungen nur inneren, molekularen Zerfallsprozessen geschuldet oder haben auch der Lebensweg und die Umweltbedingungen Bedeutung. Die Frage stellte sich besonders Moshe Szyf, und er hat dafür ein Mausmodell entwickelt. Nun geht es um die Epigenetik von Stress und Trauma. Das ist gar nicht einfach „direkt" nachzuweisen. Man müsste Zellgewebe aus dem Gehirn nehmen, und wer möchte sich gerne Neuronen herausoperieren lassen, wenn er noch lebt? Es gibt Postmortem-Studien, die aber auch nicht ohne Probleme sind, denn die Methylierung soll schnell zerfallen. Es wird auch vermutet, dass sie sich im Sterbeprozess nicht nochmal stark verändert und Lebensprozessen gar nicht mehr zugeordnet werden kann. Deshalb wird all das am Tiermodell entwickelt. Aber auch da ist die Übertragbarkeit auf den Menschen eine kontrovers diskutierte Frage. Beim Tiermodell haben sich die Fragen nach Einflüssen der Umweltfaktoren auf epigenetische Mechanismen an der „Stressachse" ergeben. Man meint viel über deren Physiologie zu wissen und dass diese Achse relativ stabil sein soll über die Arten hinweg – bis hin zum Menschen. Interessant finden die Forscher und Forscherinnen auch, dass sich bei der Stressachse körperliche und psychische Prozesse verbinden. Zu bedenken ist aber, dass die Sicht auf Traumata eine sehr reduzierte ist. Trauma und Stress werden gleichgesetzt, das ist zum Beispiel bei frühkindlichen Traumata schon eine spezifische Interpretation. Es gibt auch andere Interpretationen. Hier sind die Grenzen dessen sichtbar, was „exakte" Wissenschaft genannt wird.

Es wurde ein sogenanntes Rattenmodell entwickelt, weil Forscher davon ausgehen, dass ein bestimmtes Verhalten Stress gegenüber mit der Aufzucht in den ersten Lebenstagen zu tun hat und eine veränderte physiologische Stressreaktion hervorruft. Linking and grooming – Bindung und Pflege also – sollen Einfluss auf die Stressreaktionen bei Ratten haben, was in der epigenetischen Forschung bedeutsam ist. Es gibt Unterschiede, Ratten reagieren beispielsweise mehr oder weniger ängstlich auf eine Konfrontation mit einer neuen Umgebung in Abhängigkeit vom elterlichen Pflegeverhalten. Man hat in Einzelstudien gefunden, dass es einen höheren oder niedrigeren Stresshormonlevel über die Zeit gibt, ebenso ein verändertes Verhalten. Die Frage der Epigenetiker und Epigenetikerinnen: Gibt es auch veränderte „Gen-Expressionsmuster"? So hat man Ratten Versuchen unterzogen: Den kleinen Ratten hat man das Muttertier entzogen – also weniger Bindung und Pflege provoziert. Normal aufgezogene Ratten, die weniger stressanfällig sein sollen, nahm man als Kontrollgruppe. Die Epigenetik-Forscher bzw. -Forscherinnen stellten veränderte Gen-Expressionmuster fest, und zwar an der Stelle, die NGFI-A genannt wird. Da wird das „Glukokortikoidrezeptor-Gen" verortet, welches an der Stressreaktion beteiligt sein soll. Die Idee: es findet eine Demethylierung statt, das erhöht die Glukokortikoid-Sensibilität. Wo Ratten Bindung und Pflege erfahren, wird die Methylierung abgebaut und dadurch die Reaktivität dieses Rezeptors reduziert. Werden sie nicht gehegt und gepflegt, ist das genau umgekehrt. Also, nach ein paar Tagen guter Pflege stellt sich eine Demethylierung ein, es wird weniger Glukokortikoidrezeptor exprimiert, das verändert die Transkriptionsweise des Gens, die Stresssensitivität verringert sich; die Stressstabilität ist höher (in der Wissenschaftssprache ausgedrückt) – d. h. die Stressachse ist nicht mehr so sensibel wie ursprünglich nach der Geburt. Es wurden auch noch weitere Experimente gemacht. Die Ratten wurden nachholend besser umsorgt, und die Methylierung soll sich wieder eingestellt haben. Die Frage ist: Sind nur Ratten mit diesem Mechanismus ausgestattet oder ist das auch auf andere Lebewesen übertragbar, möglicherweise auch auf Menschen?

Es gibt noch ein zweites Tiermodell, das Mausmodell. Bei diesen Experimenten ging es eher um die Frage einer transgenerationalen Übertragung. Der Mechanismus ist anscheinend reversibel, wie gerade in der letzten Experimentalanordnung geschlussfolgert werden kann. Die Forscher und Forscherinnen meinen, wenn es eine stabile Methylierung als Ergebnis von Stresserfahrungen gibt, wird sie in die nächste Generation weitergegeben. Das hat die Epigenetik in die Medien gebracht, nach dem Motto: Oh je, Traumata werden vererbt. Hier ging es um die Antidepressionsforschung. Mäuse wurden in ein Wasserglas gesetzt und geschaut, wie lange sie versuchen, da wieder heraus zu kommen. „Depressive" Mäuse geben schneller auf. Auch hier: das ist ein reduziertes Depressionsverständnis. Die Forscher haben eine Kombination von „maternal separation"- und „maternal stress"-Modell entwickelt. Einfach gesagt: Das Muttertier wurde weggenommen, weniger Bindung und

Pflege möglich, und die Mäusemutter selbst wurde auch gestresst. Sie konnte später, weil sie selbst gestresst war, die Pflege nicht in vollem Umfang nachholen. In dem Experiment wurden nur die männlichen Tiere genommen, mit gesunden weiblichen Tieren gekreuzt, dann die gesunden männlichen wieder nur mit gesunden weiblichen Tieren gekreuzt. Die Versuchsanordnung sollte klären, ob das veränderte Verhalten über die Körperzellen oder nur über die Keimzellen in die nächste Generation übertragen wird. „Das hat auch mit der epigenetischen These zu tun, dass nicht alle Methylierungsmuster in der embryonalen Phase gelöscht werden. Das ist eher ein systemischer Blick auf die Zelle als Ganze" (Lux). Es wurden Verhaltenstests gemacht und in jeder Generation depressionsähnliches Verhalten nachgewiesen, obwohl nur die erste Generation gestresst wurde – nicht in gleicher Intensität, aber statistisch signifikant. Und es sollen veränderte DNA-Methylierungsmuster in Spermien und Hirnzellen nachweisbar sein. „In den Hirnzellen wird gemessen, um die Funktionalität zu zeigen und in den Spermien, ob die Weitergabe in die nächste Generation gegeben ist" (Lux). Das war bis in die dritte Generation der Fall. Erforscht wird sowas auch in München. Wenn all das in der Presse auftaucht, ist von der Vererbbarkeit von Traumata die Rede. Es sind aber bestimmte Stresssituationen bei Mäusen untersucht worden und keine frühkindlichen Traumatisierungen beim Menschen.

Beim Menschen stellte Vanessa Lux Experimente zu akutem Stress vor. Dafür wurden Leute vor eine Jury gestellt, wie in einer Bewerbungssituation, und zusätzlich mit Kopfrechnen konfrontiert. Das stresst die überwiegende Zahl von Menschen enorm und zuverlässig. Hier wird eine neue Studie von 2012 vorgestellt. Die Ergebnisse sind nicht robust. Das lässt Raum für weitere Forschungsprojekte – und Drittmittel. Diese Gruppe hat eine akute

DNA-Methylierung am Oxytocin-Rezeptor-Gen-1 (*OXTR1*) in Blutzellen gefunden. Das Problem: die Experten und Expertinnen gehen bislang davon aus, dass diese Methylierung in Gehirnzellen anders wirkt als in Blutzellen, also gewebespezifisch sein soll. Sie könnte auch Effekte in anderen Zellen haben, aber das ist noch nicht bekannt. „Das hier ist ein Versuch, an die körperlichen, molekularbiologischen, epigenetischen Folgen von psychosozialem Stress" (Lux) ranzukommen. Allerdings: auch hier gab es nur statistisch geringe Relevanzen, indirekte Messungen und keine robusten Ergebnisse. Nach Stress soll es erhöhte Methylierung geben, die aber wieder abfiel, also nicht konstant war. Hier ist zum ersten Mal ein Zusammenhang gezeigt worden. Er wurde aber auch schon heftig kritisiert, weil die statistischen Werte zu gering sind. Das sind keine robusten Ergebnisse und die Messungen sind auch nur indirekt.

Das Max-Planck-Institut für Psychiatrie arbeitet seit Längerem mit Rachel Yehuda, einer israelischen Forscherin von der Sinai-Hochschule, zu Traumata, zum Zusammenhang von Trauma und Stressreaktion, insbesondere bei Kriegsveteranen und bei Traumatisierten der ersten, zweiten und dritten Generation des Holocaust. Die Forscherin interessiert sich besonders für die transgenerationalen Effekte. Die Frage ist: Ist die zweite Generation indirekt traumatisiert? Aufgrund welcher Mechanismen? Gibt es für die auch biologische Äquivalente? So ist Yehuda bei der Epigenetik gelandet. Sie hat auch eine große Studie mit Überlebenden des 11. Septembers in den USA gemacht, mit Menschen, die posttraumatische Belastungsstörungen entwickelt haben, und solchen, bei denen das nicht der Fall war. Sie hat auch eine DNA-Methylierung in der Region ausgemacht, die auf die Glukokoidrezeptoren einwirken sollen, und wieder in Blutzellen indirekt nachgewiesen. Ihre Interpretation: Die Methylierung korreliert mit der Symptomatik für eine posttraumatische Belastungsstörung. Wenn die Expression von FKBP5 reduziert ist, also methyliert ist, kommt es zu einer erhöhten Glukokortikoid-Reaktivität, was mit Symptomen der posttraumatischen Belastungsstörung korreliere. Die Methylierung scheint durch Psychotherapie wieder veränderbar.

Die These: Es gibt eine psychische Ursache, Trauma oder psychosozialer Stress. Es gibt zum einen eine Entwicklungsperspektive. Das sind die Mausmodelle, frühkindlicher Stress und eine veränderte Stressreaktion über die Lebenszeit. Zum anderen gibt es die Annahme einer akuten Ursache mit einer direkten Veränderung, die sich wieder aufheben kann. Es gibt epigenetische Modifikationen, die dadurch beeinflusst werden, und eine veränderte Stressreaktion. Aber Ursache und Wirkung sind nicht klar. Es gibt keine Nachweise, sondern allerlei Indizien. Es gibt ein bestimmtes Trauma-Bild, nämlich eines, das über die psycho-physiologische Stressachse reguliert wird.

Trotzdem gibt es neue Hoffnung, hier von dem Forscher Petronis formuliert, der auch die Zwillingsforschung durchgeführt hat. Der Hype um die Epigenetik muss aber auch verstanden werden vor dem Hintergrund, dass das Humane Genomprojekt letztlich als gescheitert angesehen werden kann und wird. Die großen Hoffnungen, dass sich dort die letzten Menschheitsfragen oder wenigstens die Fragen genetischer Regulation und Vererbbarkeiten erklären lassen, sind nicht in Erfüllung gegangen. Nun kommt die nächste Runde mit der Epigenetik. Da die Fortschritte in den genetischen Kopplungs- und Assoziationsstudien innerhalb der psychiatrischen Forschung so langsam waren, hoffen viele, mit der epigenetischen Forschung weiterzukommen.

Zu diskutieren ist aber auch hier erneut: Welches „Menschenbild" ist damit verbunden?

Diskussion nach der Pause und dem Lesen der populärwissenschaftlichen Texte

„Als Heilpraktikerin finde ich die Diskussion spannend und versuche das in der Praxis umzusetzen. Ich habe viel mit traumatisierten Menschen der zweiten Generation zu tun, beispielsweise deren Mütter in Dresden die Bombenabwürfe mitbekommen haben. Es gibt bestimmte körperliche Probleme, die homöopatisch behandelt werden können und in diese Stressachse eingreifen. Das Problem bei der Epigenetik, das ich sehe: Wenn sie nicht ganzheitlich gesehen wird, sondern auf die Zellbiologie reduziert ist, wird es gefährlich. Das ist ähnlich wie in der sogenannten individualisierten Krebstherapie, die überhaupt nicht individuell ist."

„Die aufgeworfenen Fragestellungen sind gar nicht originär modern wissenschaftlich. Es gibt in der indianischen Tradition die Vorstellung, dass Menschen mindestens bis zur dritten Generation nach Kriegen verrückt werden können."

„Ich finde interessant, dass diese Epigenetik dem dient, was wir schon tun. Das ist alles nicht neu. Wie kann das klug eingesetzt werden, um bessere Lobbypolitik zu machen z. B. vom AKF aus? Wie dient es uns im Praxisalltag?"

„Ich finde das sehr interessant, weil ich seit langem als Psychotherapeutin mit ADHS-Patienten arbeite. Ist das eine Heilbehandlung? Bei Menschen mit konkreten Leiden, wo andere therapeutische Möglichkeiten nicht geholfen haben, setze ich auch nach strengen Kriterien Medikamente ein. In Ulm gibt es aber

Bestrebungen, diese Medikamente zur Leistungssteigerung bei Studierenden einzusetzen."

„Als ich den einen Text von Herrn Spork gelesen habe, fiel mir eine Veranstaltung vor Jahren in Hannover über Public Health ein. Die Wissenschaftler und Wissenschaftlerinnen waren vom Donner gerührt, weil das zeitlich mit der Entschlüsselung des menschlichen Genoms zusammenfiel. Da war die große Angst, jetzt gibt es nur noch Forschungsgelder fürs Genom und nicht mehr zu sozialen Zusammenhängen von Gesundheit. Ich find es gut, dass soziale Prozesse und Leiblichkeit untersucht werden, und wie sich das beeinflusst. Bei diesem Herrn Spork kriegt man aber den Eindruck, das wäre ein gutes Geschäftsfeld für Kliniken und Rehas, nach dem Motto: Wir machen jetzt Epigenetik-Training."

„Stichwort Laien: Wenn ich zu Ärzten gehe, sehe ich oft ein laienhaftes Verständnis. Es ist doch klar, alles hat Wechselwirkungen. Ich fürchte aber, dass Staat und Industrie über irrsinnige Macht verfügen, alles Mögliche digitalisieren und die ganze Forschung einen enormen Enteignungscharakter hat. Ich enteigne die anderen und bezeichne sie als Laien."

Lux: „Mir geht es um die Ambivalenz. Das Ende des Determinismus wird bejubelt. Was wir immer schon wussten, wird endlich molekularbiologisch vorzeigbar, und dieses Wissen wird in den Selbstoptimierungsdiskurs eingereiht, der anderweitig ja schon präsent ist. Dieser Gefahr muss man sich bewusst sein – auch beim Trauma. Sicher wirkt sich das auf den Körper aus. Das klingt in allen Trauma-Therapien an, ein Involviertsein des Körpers. Andererseits: Wollen wir wirklich, dass ein Biomarker hinzugehört? Oder wollen wir das nicht und was heißt das? Wer kriegt dann noch eine Therapie oder nicht? Welche Antworten stecken schon in der Forschung drin?"

„Ich finde es problematisch, die Forschung in Bausch und Bogen zu kritisieren. Ihr Erkenntnisgewinn ist nicht unbedingt neutral. Aber es ist eine politische Frage und eine gesellschaftliche, was man daraus macht. Die Erkenntnissuche selbst so zu bewerten finde ich problematisch. Es ist auch eine Frage der Dosis."

„Was mich an Herrn Spork geärgert hat: Er tut so, als sei alles bewiesen. Ich vergleiche das mal mit einem erhöhten Cholesterinwert, der einen Herzinfarkt verursachen soll. Das ist einfach falsch. Es ist eine Möglichkeit, auf der wissenschaftlichen Ebene etwas zu untersuchen. Vielleicht ist es auch interessant. Aber all das, was wir auf der psychosozialen Forschungsebene schon wissen, das ist viel. Frühkindliche Bindungen haben eminenten Einfluss, und dieses Wissen braucht nicht unbedingt eine naturwissenschaftliche Bekräftigung. Die epigenetische Forschung ist insofern keine Revolution."

„Ich sehe einen Widerspruch: In der Schwangerschaft erlebt die epigenetische Forschung einen Boom. Aber es ist auch das Genom des Embryo entschlüsselt worden, die pränataldiagnostischen Untersuchungen werden ausgebaut. Das widerspricht doch der epigenetischen ‚Erkenntnis', dass alles gar nicht so deterministisch ist. Ich hab vor vielen Jahren ein Interview gemacht mit einem Embryologen aus Göttingen, der sagte: Ich habe Chromosomenanalysen mit meinen Studenten durchgeführt. Zwei hatten eine Trisomie, die man ihnen aber gar nicht ansehen konnte. Das ist ja noch Gendiagnostik auf dem untersten Level. Heute wird nach allem Möglichen gescreent, nach Musikalität und anderem mehr. In den USA wird so etwas zum Produkt. Wie passt das zusammen?"

Lux: „Ich würde sagen, das ist ein Widerspruch in der genetischen Forschung selbst. Es gibt unterschiedliche, um Forschungsgelder konkurrierende Arbeitsgruppen. Die einen machen die Epigenetik stark und sagen, das ist jetzt das Zentrale, die anderen bleiben klassisch bei der Genetik. Der allgemeine Konsens ist: Irgendwie ist beides wichtig. Bei genetischen Fehlern mit pathologischen Konsequenzen spielt die genetische Forschung weiterhin eine große Rolle. Die epigenetischen Erkenntnisse sind labiler. Deshalb wird die genetische Forschung nicht infrage gestellt. Ganz im Gegenteil. Außerdem: es wird auch bei der Epigenetik nach stabilen Veränderungen geguckt. Das Modell ist immer noch sehr ähnlich, nicht dynamisch und systemisch. Es geht darum, einen genetischen Faktor zu finden. Der epigenetische Faktor ersetzt eigentlich nur den genetischen Faktor. Ich würde aber schon sagen, dass die Interventionsebenen sich öffnen. Auch so etwas wie Psychotherapie kann stärker eingebracht werden, körperliches Training und Depression – das kennt man, wird aber stärker in die Diskussion gebracht und nicht mehr wie früher nur belächelt. Wir haben das in unserem Forschungsprojekt diskutiert. Es geht dort um die kulturellen Faktoren in der Forschung. Jede Form von sozialen und kulturellen Elementen, sei es, weil sie heilen oder sei es, dass sie im Nachhinein erkannt werden, werden als Faktor modularisiert und in das epigenetische Modell eingebaut. Damit wird Kultur und Molekül schnell in Eins gesetzt. Dann entstehen solche Optimierungsstrategien wie bei dem Autor Spork. Wir haben versucht, das ein bisschen aufzulösen und sprechen eher von Spuren. Im Körper finden sich Spuren unserer Erfahrung wieder. Wenn man von solchen Spuren unserer Erfahrungen spricht, müssen Psychotherapie und Soziales nicht mehr auf Faktoren reduziert werden. Dann kann man einen stärker individuellen Ansatz aufnehmen und zwar mit Anschluss an die molekularbiologische Grundlagenforschung. Bei der Idee ‚epigenetischer Faktoren' müsstest du dich so und so verhalten, also eine individualisierte Präventionsstrategie verfolgen.

Ich würde als Zusammenfassung dieser Ambivalenz festhalten: Der Determinismus steht infrage. Dahinter können wir nicht mehr zurück. Wir können uns auf Epigenetik beziehen und jeden Genetiker, der etwas anderes sagt, können wir fragen: Haben Sie in letzter Zeit schon in Ihre Fachzeitschrift geschaut? Das ist eine gute Botschaft. Ebenso, dass sich die Interventionsebenen öffnen: psychische und Umweltfaktoren sind nicht mehr egal. Ernährung, Bewegung, stressfreies Leben und Arbeiten sind bei der Prävention verstärkt im Fokus. Wenn wir sehen, es gibt diese Art von körperlichen Auswirkungen, von psychosozialem Stress, dann liegt darin ein utopischer Horizont, den wir ins Spiel bringen müssen. Allerdings ist auch wie bei Spork zu befürchten, dass all das auf individualisierte Lösungen reduziert werden kann. Das hat nicht allein mit der Epigenetik zu tun. Der molekularbiologische Blick und die Art der Diagnostik lassen sich sehr schnell in dieses Individualparadigma einschreiben. Das ist ganz leicht zu machen, und epigenetische Faktoren werden nur noch als Biomarker für Prävention und Therapie genutzt. Das komplexe Gefüge aus Psyche, Umwelt, traumatischen Erlebnissen, biografischen Erfahrungen wird auf einen Biomarker reduziert und kann getestet werden. Das ist die Ambivalenz, die wir sehen müssen. Das ist oft und vielen gar nicht so klar. Eine besondere Ambivalenz ist: Epigenetik setzt den Schwerpunkt auf frühe Ontogenese, zumindest in der bisherigen Forschung, pränatal und postnatal. Das kann dann zum Hauptinterventionspunkt werden. In der epigenetischen Forschung hat die

Reproduktionsmedizin relativ früh eine Rolle gespielt. An einer anderen Stelle hat Herr Spork das benannt: Epigenetik helfe zu verhindern, dass ein Kind in seinem Leben später ein ernstes seelisches Leiden bekommt. Warum ich das nochmal betone? Neben der Krebsforschung und Reproduktionsmedizin scheint das psychische Leiden ein zentrales Forschungsfeld der Epigenetik zu sein, weil es diesen Vermittlungszusammenhang zwischen Psyche und Körper in sich birgt. Da gibt es die Möglichkeit einer neuen Molekularbiologisierung. Was man vorher durch Gene nicht erklären konnte, kann man jetzt vielleicht mit Epigenetik erklären. Bei aller Hoffnung, die da drin steckt, steckt eben auch diese Gefahr drin, und ich finde beides muss man so besprechen, weil wir sonst doch wieder nur über die Biologie sprechen. Das ist die negative Seite dieser tollen Infragestellung des genetischen Determinismus. Da setzt auch genau die Individualisierung der Gesundheitsverantwortung an. Soziale Risiken werden umgedeutet, berechenbar, kontrollierbar, individuell verantwortbar. Das heißt: als potenziell schwanger Frau, als Frau mit einer Vorbelastung für ein Trauma, muss ich mich so und so verhalten, darf keinen stressigen Beruf ergreifen oder nur mit einem selbstbezahlten Coaching. Da steckt also ein biologischer Risikobegriff drin, ein Risikobegriff des Versicherungswesens, auch des Sozialsystems und des Gesundheitswesens, der darauf ansetzt und eben weg will vom sozialen Risiko hin zum individuellen Risiko. Die Frage wird nicht mehr gestellt: Wer gibt eigentlich diese Ratschläge? Wer bestimmt über diese Ratschläge?"

Protokollantin des Vortrags von Dr. Vanessa Lux: Erika Feyerabend, Essen

Zur Person

Dr. phil. Vanessa Lux hat Psychologie, Soziologie und Philosophie an der FU Berlin studiert. Sie ist wissenschaftliche Mitarbeiterin im ZfL (Zentrum für Literatur- und Kulturforschung) Berlin mit Forschungsschwerpunkt Neurowissenschaften, den Schnittstellen zwischen den Bio-/ Neurowissenschaften und der Psychologie. Ihre Arbeitsfelder: Kulturelle Faktoren der Vererbung, Epigenetik und Psychologie.
Publikationen: Genetik und psychologische Praxis, Springer VS 2012.
Zentrum für Literatur- und Kulturforschung Berlin
Schützenstraße 18, 10117 Berlin
lux@zfl-berlin.org   www.zfl-berlin.org

AIKIDO ÜBEN – WIDERSTANDSKRAFT KÖRPERLICH, GEISTIG UND SEELISCH ERFAHREN UND FÖRDERN

Dipl. Psych. Margret Schnetgöke und Rosmarie Scheibler

Workshop-Ankündigung

Wie Judo oder Karate zählt Aikido zu den japanischen Kampfkünsten, kommt aber als eine reine Verteidigungskunst ohne Gegenangriffe aus. Die Kontakt-, Griff- und Hebeltechniken des Aikido werden so eingesetzt, dass sie wirksam schützen und dabei gewaltlos bleiben.

Als eine gewaltlose Kampfkunst zählt Aikido in Japan auch zu den persönlichkeitsbildenden Wegen.

Aikido vereint Körper und Geist und ist ebenso ein Training körperlicher Fitness wie auch eine Übung der Bewusstheit: Es bietet Raum für die Entfaltung von Körper, Geist und Seele.

Die umfassende Körperarbeit steigert die Wahrnehmung des Körpers, unterstützt ein sicheres Körpergefühl und hilft Verspannungen und ungünstige Haltungen aufzulösen. Eine wohltuende Beweglichkeit und Geschmeidigkeit ist die Folge; Koordination, Kraft und Ausdauer werden verbessert.

Das Üben von Aikido fördert Selbstschutz und Selbstsicherheit, Handlungsstärke und Innehalten, Achtsamkeit und innere Ruhe. Ein Ziel aller Übungen ist es, eine immer größere Ruhe und Souveränität zu entwickeln – gerade auch im Umgang mit schwierigen Situationen.

Wir laden dazu ein, die widerstandsfördernde Wirkung von Aikido kennenzulernen und durch das Üben „am eigenen Leib" zu erfahren. Wahrnehmungs-, Atmungs- und Haltungsübungen werden kombiniert mit einfachen Aikido-Verteidigungstechniken. Bitte bequeme Kleidung mitbringen.

Margret, die Aikido Lehrerin Rosmarie und die drei Aikido-Schülerinnen sind in weiße Aikido Anzüge gekleidet. In dem Kölner Dojo (Übungshalle) trainieren Margret und Rosmarie bereits seit zehn Jahren.

Vorstellung

Margret macht seit 15 Jahren regelmäßig Aikido. Für sie ist Aikido eine Psychohygiene. Sie merkt, wie sie sich damit von ihrer psychisch belastenden Arbeit in der Kölner Beratungsstelle FrauenLeben entspannen kann. Aikido nimmt ihre ganze Person gefangen, nach dem Aikido-Kurs fühlt sie sich körperlich gut. Dann ist ihr Kopf frei, und sie kann sich wieder anderen Sachen zuwenden.

Einführung zum Aikido

Wir werden heute sehr langsam, sehr ruhig und entschleunigend üben. Dazu werden wir, was Margret für sich auch sehr spannend findet, üben, miteinander in Kontakt zu treten bei Übungen zu zweit. Es ist spannend, die Partnerin zu sehen, den Kontakt aufzunehmen und trotzdem bei sich selber zu bleiben, dabei mehr und mehr zu lernen, sich klar abzugrenzen. Klare Grenzen zu ziehen, du bist du und ich bin ich, um agieren zu können, auch in stressigen Situationen handlungsfähig zu sein. Das muss gar nicht unbedingt der körperliche Angriff sein, was wir natürlich jetzt üben, sondern es lässt sich auch auf andere Situationen übertragen.

Ablauf des Workshops (Margret)

- Bewegungsmeditation mit Anleitung von Aikido-Lehrerin Rosmarie

Aikido üben – Widerstandskraft erfahren und fördern

- Übungen zu zweit: leichte Verteidigung, die schrittweise aufgebaut wird
- Pause
- Vertiefung der 1. Übung
- Entspannen mit Achtsamkeitsübung
- Abschlussrunde mit Fragen, Rückmeldungen und Anmerkungen

Bewegungsmeditation

Wir lernen gleich einige Stellungen, Schritt- und Bewegungsabläufe im Aikido kennen. Das Aufwärmen richtet sich auf die im Aikido wichtigen Gelenke wie Hand- und Schultergelenk, indem wir bestimmte Knickübungen für diese Gelenke ausführen. Besonders wichtig sind die Abrollbewegungen auf dem Boden.

Rollübungen = Bauchmuskeltraining und Geschmeidigkeits- und Koordinationsübung: *Rolle rückwärts* und *Rolle vorwärts* immer diagonal über Arm, Schulter und Rücken.

Wir machen diese Rollübungen, die Rosmarie uns vormacht, mehrmals mit unterschiedlichem Erfolg nach.

Eine vollständige Rolle vorwärts können wir in diesem Workshop nur bestaunen. Es selbst zu üben, würde nicht nur die Zeit sprengen, sondern uns sicherlich auch überfordern. Es sieht aber unglaublich rund und kraftvoll aus, wenn sie vorwärts über Arm und Rücken rollt und am Ende in der gleichen Haltung zur Ruhe kommt.

Übung zu zweit (Margret)

Bestimmte Modelltechniken – *Angriffs- und Verteidigungsübungen* – werden besprochen und ausprobiert.

Wir bauen das in mehreren Abschnitten auf, und wir üben sehr langsam, ganz bewusst sehr langsam, damit jede die Bewegung nachvollziehen und bei sich selber spüren kann, was das in ihr auslöst, wie sie sich dabei fühlt und wie es ihr dabei geht. Auch das spielt eine Rolle und ist wichtig für uns. Wir üben sehr respektvoll miteinander und unterstützen uns gegenseitig. Wir üben immer mit einer Partnerin und korrigieren uns nicht gegenseitig, sondern lassen es zu, langsam in die klar abgesprochenen Formen zu finden. Die Rollen „Angriff und Verteidigung" werden klar abgesprochen und später getauscht. Jede Frau greift vier Mal an, pro Seite zwei Mal. Dann wird getauscht, die andere greift an, ihr Gegenüber verteidigt, so dass die Rollen immer eindeutig verteilt sind. Wir werden die Übung in Schritten vorführen. Alle fünf Aikidokas werden auch gleich mit uns üben. Es wird sicher hilfreich sein, wenn sie sich einfach mit einklinken.

Jede Partnerübung beginnt damit, dass wir uns gegenüberstehen und uns – als Respektsbekundung – kurz voreinander verbeugen, weil wir in der Rolle als Angreiferin oder Verteidigerin auch körperlich miteinander üben. Wir signalisieren damit: Ich respektiere meine Partnerin so, wie ich auch mich respektiere. Das gleiche machen wir auch wieder am Ende der Übung. Das ist ein Zeichen der Dankbarkeit dafür, dass wir unsere Partnerin anfassen dürfen und dass wir mit unserer Partnerin in der abgesprochenen Form üben dürfen. So können wir die Prinzipien des Aikido kennenlernen. Bestimmte Bewegungen folgen bestimmten Prinzipien. Irgendwann später, wenn man lange geübt hat, z. B. im freien Kampf, wird man den Ablauf reduzieren und verdichten auf ein oder zwei Bewegungen. Jetzt gehen wir erst einmal einen längeren Bewegungsablauf durch. Das Prinzip: Ich gucke zunächst, was passiert, ich entspanne mich, ich beobachte mich, ich nehme mich wahr. Diese Dinge kann man auch auf andere stressige Situationen im Leben übertragen und sich als hilfreiche Verhaltensweise aneignen.

Wir werden jetzt einfach mal beginnen und alle sollten es sehen können, wenn wir hier üben? Ja! Alles wunderbar!

Übung zu zweit (Rosmarie und Margret machen es vor)

Rosmarie in der Verteidigung und Margret im Angriff zeigen uns Schritt für Schritt, wie eine Aikido-Übung, bestehend aus einem/einer genau abgesprochenen Angriff und Verteidigung, abläuft. Wir versuchen, nach der Vorstellung durch die beiden, mit unserer Partnerin jeweils vier Schritte nachzumachen. Dabei üben wir unterschiedliche Dreh-, Schritt- und Rollbewegungen. Wir beginnen immer ab Schritt 1, so dass wir zum Schluss die gesamte Aikido-Übung, von der Grundstellung bis zum Abrollen über dem Boden, durchführen. Damit haben wir eine komplette *Angriffs-/Verteidigungsübung* praktiziert.

Wir machen nach einigen Übungsdurchgängen eine kleine Pause.

Nach der Pause scheint es uns und der Leiterin sinnvoller zu sein, diese *Angriffs-/Verteidigungspositionen* zu vertiefen statt eine weitere Aikido-Übung zu zeigen. Das lässt uns mehr Zeit für eigenes Tun. Rosmarie und Margret zeigen immer wieder die Bewegungen, mit vielen Hinweisen zu jedem Detail im gesamten Bewegungsablauf. Wir versuchen mit unterschiedlichen Partnerinnen jeden Schritt nachzuvollziehen. Leider sind wir dabei meistens etwas zu laut. Aikido hat eine eher leise Übungskultur. Es macht aber allen sehr viel Spaß, obwohl es mich und auch andere in der Genauigkeit ein bisschen überfordert, wenn wir nicht gerade mit einem der anwesenden Aikido-Mädels üben.

Entspannen mit Achtsamkeitsübung (Margret)

Wir werden gefragt, ob wir dabei sitzen oder liegen wollen. Alle entscheiden sich, die Entspannung gerne im Liegen durchzuführen. Zum Abschluss bietet uns Margret an, Fragen zu stellen, vielleicht Rückmeldungen zu geben, Eindrücke mitzuteilen, Erlebnisse oder, was immer wir jetzt noch sagen möchten, loszuwerden.

Aus der Runde der Workshop-Teilnehmerinnen

„Schön!" Viele bedanken sich.

„Es ist sehr tänzerisch und sehr kreativ."

Einer Frau ist aufgefallen, dass sie in der Koordination relativ ungeübt ist, dass es leichter aussieht als es ist, dass es sehr anstrengend ist und dass es sehr komplex ist. Sie denkt, es ist ein ganz gutes Training, besonders wenn man jemanden betreut, auch bei Demenz wahrscheinlich. Auf der anderen Seite hat sie festgestellt, dass es einige Übungen gab, die sie wegen Rückenbeschwerden nicht mitmachen konnte, weil die Gebrechlichkeit so langsam anfängt und dann Einschränkungen da sind. Ihre Frage: „Könnte ich das trotzdem weitermachen oder ist für mich Aikido eher nicht anzuraten?" Die Aikido-Lehrerin glaubt, dass gewisse Bewegungen, die man nicht machen kann, überhaupt nicht ausschlaggebend dafür sind, ob man Aikido machen sollte. In ihrem Dojo macht zum Beispiel ein älterer Herr mit, der vor Jahren einen Schlaganfall hatte und seither vor allem ein Arm gelähmt ist. Es ist aber total wertvoll, dass er trotzdem in das Dojo kommt, übt und seine beiden Körperhälften ausprobiert. Man muss sich auf die Einschränkungen einstellen. Es ist ein anderes Üben, aber das ist überhaupt nicht schlimm. Sie findet das toll und sieht darin keinen Grund, der gegen Aikido spricht. *Margret* antwortet: „Es gibt häufig Probleme mit dem Rücken. Ganz viele Leute haben heute diese Probleme, weil sie viel sitzen und sich wenig bewegen. Manche Beschwerden verbessern sich, gerade zum Beispiel über das regelmäßige Rollen beim Aikido. Das ist ein wunderbares Rückentraining. Es entspannt und kräftigt den Rücken ganz immens. Man muss natürlich bei solchen Problemen ganz sanft anfangen, immer vorsichtig sein, immer gucken und spüren: Was kann ich machen, was kann ich nicht machen. Viele Probleme lassen sich so verbessern oder auch wieder aufheben."

Eine Frau erinnert sich an ihre eigene frühe Kindheit, als sie noch viel auf dem Boden war, und an ihr Kind, als es vor zwanzig Jahren noch klein war, und sie sich gemeinsam ganz natürlich am Boden bewegten. Heute ist das Aufstehen vom Boden eher selten, und es ist gut, das hier gemacht zu haben.

Eine Teilnehmerin bemerkt, wie lange die Bewegungen dauern. Wir haben sehr langsam, achtsam geübt. Wie ist das bei Fortgeschrittenen, wie langsam oder schnell? *Rosmarie* erklärt: „Es gibt gar nicht so viele Techniken. Es gibt eine Handvoll Abschlusshebel und noch verschiedene Bewegungsabläufe, die zu diesen Hebeln führen. Es sind nicht mehr als zehn Techniken. Wenn man sie immer wiederholt, steht irgendwann nicht mehr die Koordination von Bewegungsabläufen im Mittelpunkt, sondern andere, vertiefende Inhalte. In den fortgeschrittenen Schulungen geht es fließender, aber nicht schneller zu. Viele Pausen fallen weg, das Aufstehen und Positionieren beschleunigt sich, die Abläufe werden verdichtet, doch das Tempo wird dadurch nicht einfach erhöht. Später kommt eine Übungsform hinzu, ohne einen festen Ablauf und eine Schrittfolge. Man greift frei an und verteidigt sich ebenso spontan. Aber immer im Sinne Aikidos: Ich möchte mich schützen, und ich möchte die andere nicht verletzen. Das ist der Kerngedanke: sich verteidigen, auf sich und auf das Gegenüber achten. Bei der freien Improvisation wird es schon etwas schneller bzw. besser, verdichteter. Die Geschwindigkeit ist aber gar nicht entscheidend. Es gibt oft Momente, wo man versucht die Situation zu beruhigen, auch als Angegriffene. Man will nicht die Geschwindigkeit erhöhen, sondern versucht zu entschleunigen. Die ganze Situation wird dichter, die Angreiferin kommt näher, man macht keine Pausen und vielleicht sind es auch mal zwei, die angreifen. Es gibt natürlich Unterschiede im Rhythmus von Menschen. Manche sind schneller als andere, darauf muss man sich einstellen."

Eine Teilnehmerin erkundigt sich, ob es hier wohl – anders als in anderen Kampfsportarten – wahrscheinlich keine Leistungsstufen gibt? *Margret* antwortet: „Es gibt im Aikido keine Wettkämpfe. Im Aikido wird auch nicht überall gleich geübt. In ihrem Dojo steht der achtsame Umgang miteinander im Vordergrund, andere sind eher sportlich orientiert und trainieren härter. Die sich jetzt von Aikido angesprochen fühlen, sollten sich mehrere Dojos ansehen und danach auswählen, was der eigenen Vorstellung am nächsten kommt, mehr Kampfsport oder mehr Kampfkunst." *Rosmarie* warnt: „Wer auf realistische Selbstverteidigung setzt, wird im Training auch mal lädiert sein. Wer seinen Selbstschutz gewahrt sehen will, muss eben anders miteinander umgehen."

„Wie oft sollte man das in der Woche machen, gibt es da eine Regel oder ist das egal?" *Rosmarie:* „Wichtig ist die Regelmäßigkeit. Einmal die Woche ist gut, zweimal ist sehr gut und wenn man es einrichten kann, öfter zu trainieren, auch."

„Ist es angeraten auch zuhause zu üben?" „Die Meditationsübungen lassen sich definitiv gut und alleine zuhause machen: Atemübungen, das Schütteln der Hände. Man kann die Techniken auch alleine üben, indem man sich eine Partnerin vorstellt, ähnlich wie im Tai Chi, aber nur die Rolle der Verteidigenden: Ich stelle mir vor, da ist die Partnerin, ich nehme auf, geh nach vorne, fasse, drehe, drehe weiter, führe zum Boden. Das ist zuhause möglich; ebenso die Rollübung. Wenn ich im Urlaub bin, mache ich gerne die Körperübung aus der Bewegungsmitte, weil ich weiß, dass es mir gut tut, den Körper zu öffnen, ihn wahrzunehmen, Schultern und Rumpf und so weiter zu bewegen."

Eine Frau interessiert sich für die unverzichtbaren Kernprinzipien dieses Sports. *Margret:* „Ein Prinzip ist auf jeden Fall die Gewaltlosigkeit. Wir üben mit der Partnerin, ohne Gewalt anzuwenden. Wir versuchen nicht nur, uns gut zu schützen, sondern auch dem Gegenüber keine Gewalt anzutun. Im Aikido greift man auch nicht nochmal an. Wenn die Situation entschärft ist, dann ist es gut – anders als beim Karate. Da würde vielleicht jemand nochmal die Faust zusetzen oder den Handkantenschlag anwenden. Das geht im Aikido nicht. Hier geht es darum zu deeskalieren, zu entschärfen und dann abzuschließen. Das ist das wichtige Grundprinzip des Aikido. Es gibt auch Prinzipien für die Bewegungsabläufe. Wenn wir heute den Arm in der Hand hatten, konnten wir mit einer Kreisbewegung einen Angriff entschärfen – also die angreifende Energie aufnehmen und sie mit einer Kreisbewegung umlenken. Das entschärft den Angriff. Auch das ist ein Prinzip: Im Aikido gibt es ganz viele runde Kreisbewegungen, um die Wucht aus dem Angriff herauszunehmen." *Rosmarie* sagt dazu: „Oder wir nutzen den Angriff, und die Angreiferin bringt sich selbst aus dem Gleichgewicht. Tut sie das nicht, können wir die Energie umlenken. Das ist eine Idee, so funktioniert es, sich zu schützen ohne die andere zu verletzen. Mit gewaltloser Kampfkunst ist das möglich. Gerade das ist so spannend, Wege zu suchen und zu finden, sich selbst zu schützen und die Partnerin unversehrt zu lassen."

Eine Frau fragt, ob alle Bewegungen einen Beginn und ein Ende haben und dann wieder neu beginnen, oder ob es fließende Übergänge über einen längeren Zeitraum gibt, eine Art spielerisches Intermezzo, irgendetwas wie beim Tanzen? *Margret:* „Es gibt so etwas im freien Kampf, wo die Partnerin angreift und eine Technik einsetzt, die zum Boden führt, die Partnerin wieder aufsteht und erneut beginnt." *Rosmarie* bemerkt dazu, dass es oft reicht, die Partnerin auf Distanz zu halten, so dass diese mehrfach angreifen kann. Das ergibt eine spielerische Komponente. Es muss nicht immer zu Boden geführt werden, sondern eine bestimmte Entfernung kann ihr genügen, dann kommt die Partnerin noch einmal erneut. So wird das System spielerischer und aufgelöster.

Eine Frau sagt etwas scherzhaft: Sie hätte nicht gedacht, dass sie heute so oft zu Boden geht – und zwar in beide Richtungen. Das war eine gute Erfahrung.

Ich frage Rosmarie, ob am Ende einer Übung immer eine Falltechnik steht? Gerade das ist vorteilhaft, wenn man älter wird und so das Fallen üben kann. Rosmarie antwortet: „Die Übungen enden immer damit, dass eine die andere zu Boden führt. Das betrifft das Rückwärtsfallen, das wir heute geübt haben. Es gibt noch ein Zu-Boden-Gehen, wo man am Ende auf dem Bauch liegt."

Rosmarie fragt, ob wir an was anderes denken konnten? Allgemeines Schmunzeln. Einige meinten, da war kein Raum mehr oder „Es war ein schöner Zustand". *Margret:* „Genau, man konzentriert sich wirklich."

Eine Teilnehmerin möchte wissen, ob auch Kinder Aikido machen können? *Rosmarie* erinnert sich an Versuche in einer Schule. Sie ist aber der Meinung, dass Aikido einen sehr strengen Rahmen hat und damit Kinder nicht spielerisch anspricht.

Beifall und Dank auch an die Helferinnen, die Aikido-Frauen; und von Margret: Es hat ganz großen Spaß gemacht; Danke an uns.

Protokollantin: Fritzi Wild, Köln

Zu den Personen

Margret Schnetgöke, Dipl. Psychologin, Dipl. Sozialarbeiterin, Fachberaterin für Psychotraumatologie (DIPT), engagiert im Vorstand des Dachverbandes der autonomen Frauenberatungsstellen NRW, 2. Dan Aikido, Mitarbeiterin in der Frauenberatungsstelle FrauenLeben Köln e.V., Arbeitsschwerpunkte: Gewalt gegen Frauen, Trauma, Gremien- und Vernetzungsarbeit

---

Rosmarie Scheibler, Ausbildung zur Aikidolehrerin, 3. Dan Aikido, regelmäßige Lehrtätigkeit in einem Dojo in Köln *(www.aikido-ueben.de)*, Leitung von Kursen und Workshops, Musikerin, Tontechnikerin, Klavierlehrerin

„Die Frau lebt nicht vom Brot allein" – Achtsamkeit rund um Essen und Ernährung

Dr. oec. troph. Antonie Danz

Workshop-Ankündigung

Achtsamkeit reduziert Stress und fördert das körperliche und geistige Wohlbefinden.

Und Achtsamkeit, auch im Sinne von Selbstfürsorge, mitten im Alltag zu kultivieren, kann durchaus ganz einfach gelingen. Hierfür bietet der Bereich der Ernährung ein ausgesprochen gutes Übungsfeld: Wir essen und trinken täglich, können Achtsamkeit mit allen Sinnen erfahrbar machen, und nicht selten wird diesem Lebensbereich noch viel zu wenig Achtsamkeit geschenkt.

Was hilft uns achtsam zu essen? Wie gelingt eine Ernährungsweise, die Gelassenheit, Vitalität und Essensfreude bereitet, gerade auch im Alltag? Was hat Selbstfürsorge mit Achtsamkeit zu tun? Und wie können wir wieder erfahrbar machen, dass uns das Leben nährt?

Anhand von Achtsamkeitsübungen und zentralen Leitgedanken zur Stärkung der „Mitte" im Sinne der Traditionellen Chinesischen Medizin gehen wir diesen Fragen und den Antworten darauf nach.

Der Themenbereich Achtsamkeit, Traditionelle Chinesische Medizin (TCM) und Ernährung ist sehr komplex und facettenreich. Der Fokus der Veranstaltung liegt aus diesem Grund darauf, einen Einstieg in das Thema zu bieten.

Einführung in das Thema „Achtsamkeit und Ernährung"

Wichtige, „nährende" Aspekte von Achtsamkeit:

Vertrauen

Bei der Ernährung und der Auswahl der Lebensmittel liegt der Fokus oft darauf, „etwas" zu vermeiden: z. B. Übergewicht, Krebs, Herz-Kreislauf-Erkrankungen, zu hohes Cholesterin, zu viel Zucker. Ernährung wird dadurch mit etwas Negativem verbunden, dabei sollte die Ernährung eigentlich etwas Sinnliches und Schönes, Energiespendendes sein. Das krampfhafte Versuchen, allen Ernährungsempfehlungen (die häufig einem Wandel unterliegen) gerecht zu werden, führt zu Verwirrung, Frustration, Stress und sogar Angst. Das Vertrauen auf ein Nahrungsmittel, das uns in seiner Komplexität nähren kann als auch auf unsere eigene Erfahrung (Was tut mir gut!) geht dadurch verloren. Die TCM, als Erfahrungslehre, die das Ganze im Blick hat, bietet hier gute Möglichkeiten, auch an die eigene Erfahrung anzuknüpfen.

Wertschätzung

... richtet unseren Blick auf die Fülle, weg von dem Gefühl des Mangels.

Liebe

... geht durch den Magen; was mit Liebe gekocht wird, schmeckt besonders gut.

FÜR-Sorge

Uns und andere im fürsorglichen Sinne nähren durch das, *was* und *wie* wir essen und kochen.

Achtsamkeit rund um Essen und Ernährung 143

Praxisübungen –
für bewusstes, achtsames und entspanntes Essen

*Was wir denken, beeinflusst unser Tun –
auch im Hinblick auf die Ernährung*

Praxisübung: Den Kopf nach hinten links drehen, bis es nicht mehr geht. Dann gedanklich den Kopf weiter nach links drehen, als vorher möglich war. Abschließend den Kopf wieder wirklich nach hinten links drehen und schauen, wie weit man kommt. Gewöhnlich deutlich weiter als zuvor.

*„Weißt Du noch …?" –
Was machen schöne Esserlebnisse wirklich aus?*

Praxisübung: Sechs positive Erlebnisse rund um das Essen notieren und der Gesprächspartnerin erzählen. Danach in der Gruppe herausfiltern, was diese Erlebnisse so schön und eindrücklich sein ließen.

Zwei Minuten Innehalten: Rituale und Anker nutzen
Häufig sind wir während des Essens oder der Zubereitung der Nahrung mit unseren Gedanken oder Gesprächen auf die Vergangenheit oder die Zukunft gerichtet, oft spielen negative Aspekte eine Rolle. Dabei sind wir beim Essen in einem „offenen Aufnahmezustand", in dem – neben der Nahrung – auch alle anderen Dinge mitaufgenommen/verdaut werden. Positive Rituale und Anker (z. B. eine Kerze anzünden, einen schönen Blumenstrauß auf den Tisch stellen) können dabei unterstützen, sich selbst vor dem Essen in einen schönen, guten Gefühlszustand zu versetzen.

„Entspannt essen und genießen"
Praxisübung: Hand (Oberfläche nach oben) unter die Pobacke schieben, Gewicht in die Pobacke fallen lassen, Schwere spüren, erst drei Minuten links, dann drei Minuten rechts. Wie sitzt es sich danach? Gewöhnlich wesentlich entspannter als vorher.

Die „Mitte" stärken – Ernährungsempfehlungen auf der Grundlage der chinesischen Medizin

In der chinesischen Medizin ist die Mitte das energetische (nicht physiologische) Zentrum, in dem Nahrung in Qi umgewandelt wird. Nahrung, aber auch Informationen werden hier verstoffwechselt. Eine starke Mitte wird mit Vitalität, Kraft, Ruhe, Gelassenheit, klarem Denken, ausgeprägter Geschmackswahrnehmung und einem guten Appetit assoziiert. Mit zunehmendem Alter lässt die Funktionsfähigkeit der Mitte nach, allerdings kann die Mitte u. a. durch die Ernährung gestärkt werden.

Zum Verständnis der Mitte:
das Kochtopfmodell in der traditionellen chinesischen Medizin
Den Magen kann man sich als inneren Kochtopf vorstellen, in

den alle aufgenommenen Lebensmittel und Getränke gelangen. Unter dem Kochtopf befindet sich eine Feuerstelle, die die Lebensmittel und Getränke „verkocht" und die Nahrungsenergie in körpereigene Energie umwandelt (feiner Energiedampf, der über dem Kochtopf aufsteigt). Dieser Energiedampf wird durch eine Abzugshaube, die sich über dem Kochtopf befindet, und die daran angeschlossenen Energieleitbahnen dorthin transportiert, wo er gebraucht wird (Muskulatur zum Gehen, zu den Augen zum Sehen usw.). Ist der Energiedampf klar, „funktioniert" das System einwandfrei. Ein Energiedampf mit zu vielen trüben Bestandteilen bereitet Probleme: weniger Energie für den Organismus (Müdigkeit …) und zudem kann das „Trübe" nicht mehr optimal über Darm und Blase ausgeleitet werden: „Feuchtigkeit und Nässe" entstehen. Dies kann sich z. B. in Wassereinlagerungen, Übergewicht, Zysten oder Myomen zeigen.

Sieben Leitgedanken/Empfehlungen, die Mitte zu stärken und für eine optimale Umwandlung der Nahrung zu sorgen

1. „Dem ‚Kochtopf' die Arbeit erleichtern": Gekochtes nimmt uns Arbeit/Verdauungsenergie ab. Rohe Lebensmittel benötigen mehr Energie, um verstoffwechselt zu werden, der „Kochtopf" muss mehr heizen.
2. „Kaiserin, Edelfrau, Bettelfrau": Die Organe arbeiten zu unterschiedlichen Zeiten gut, morgens arbeitet der „Kochtopf" am besten, abends am schlechtesten. Besonders abends sollte so gegessen werden, dass dem Verdauungssystem die Arbeit erleichtert wird (z. B. Suppen).
3. „Rhythmus/Regelmäßigkeit": Unregelmäßige oder ausgefallene Mahlzeiten verschlechtern die Funktion der Mitte. Bei einem entfallenen Frühstück wird die optimale Zeit zur Verstoffwechselung und Energiegewinnung ausgelassen.

4. „Pflanzliches" essen: Pflanzliche Lebensmittel bieten kompakte Nahrungsinformationen, die für die Mitte gut nutzbar und leichter umzuwandeln sind, als tierische Nahrungsmittel.
5. „Einfachheit": schmackhafte Alltagsküche genießen – einfache Lebensmittelkombinationen lassen sich leichter verdauen.
6. „Regional & Saisonal": Hier können Sie eher davon ausgehen, dass Sie ausgereifte und thermisch empfehlenswerte Lebensmittel konsumieren. Südfrüchte sind thermisch kühl oder kalt und können viele Menschen hierzulande zu sehr kühlen (kalte Hände/Füße, schnelles Frieren).
7. „Trinken" – nicht während des Essens: Verdauungssäfte sind wirksamer, wenn Sie nicht durch Getränke verdünnt werden.

Protokollantin: Kathrin Balke, Köln

Zur Person

Dr. oec. troph. Antonie Danz, Köln, Ernährungswissenschaftlerin und Master of Science.

Nach dem Studium der Oecotrophologie an der Universität Gießen und dem anschließenden Auslandsstudium in den USA lehrte und forschte Antonie Danz von 1991-2004 an der Universität zu Köln mit dem Schwerpunkt Frauen- und Mädchengesundheit. Nach ihrer Promotion 1995 an der Universität Bonn begann sie die Traditionelle Chinesische Medizin zu studieren und in ihre Forschungs- und Beratungstätigkeit zu integrieren. Menschen Wege zu ihrem eigenen Ernährungswissen aufzuzeigen und dem Thema Frauengesundheit gelten hierbei ihr besonderes Interesse.

Seit 2005 ist Antonie Danz als freie Buchautorin, Beraterin und Referentin zu Ernährungsthemen tätig und arbeitet als Themenexpertin für die Bundeszentrale für gesundheitliche Aufklärung (BZgA).

HUMOR ALS MITTEL ZUR RESILIENZFÖRDERUNG

Dipl. Psych. Ingrid Broch und Dipl. Psych. Hanne Müller

Workshop

Die Basis für unseren Ansatz bildet der Gedanke von Viktor Frankl, der als jüdischer Neurologe vier Konzentrationslager überlebte und danach das Buch schrieb: „… trotzdem Ja zum Leben sagen". Die durch ihn entwickelte Logotherapie hat als zentrales Thema den Humor als das „Trotzdem", der Lebenskraft, die den Menschen Hoffnung und Vertrauen schenkt.

Humor, Witz und Komik helfen uns demnach, Ängste und Spannungen zu reduzieren und stärken uns außerdem bei Leistungs- und Normierungsdruck.

Therapeutischer Humor ist also ein kostbares Werkzeug in der Kommunikation bei allen Arten der Begleitung und Behandlung.

In diesem Sinne wird im Workshop Raum geschaffen für Geschichten und Situationen, wo Humor unser Leben leichter und lebendiger macht und wo er uns erlaubt, kreativ und wehrhaft zu sein, und sowohl unsere Patientinnen als auch uns selbst stärkt und schützt.

Ziele des Workshops waren somit ein bewussterer Zugang zu dieser Art der Ressource und Resilienz, sowohl bei Behandlerinnen und Klientinnen, und gleichzeitig sollte ein größeres Zutrauen zu dessen Anwendung und eine Erweiterung des entsprechenden Handlungswissens durch den Austausch erreicht werden.

Wir begannen den Workshop mit einer „nicht-normativen" Vorstellungsrunde, indem sich alle Teilnehmerinnen aus einem Kostümfundus eine Kopfbedeckung aussuchten und sich dann mit einer phantasierten Identität vorstellten. Auf diese Art öffnete sich der Raum für Assoziatives, Kreatives und eine spielerische Atmosphäre entstand.

So stellte sich eine der Teilnehmerinnen mit einem üppigen Blumen-Hut mit den Worten vor: „Hallo – ich bin Tausendschönchen und kann überall blühen!"

Nach dieser Runde suchten wir im Anschluss gemeinsam Antworten auf folgende Fragen:

Welche Arten von Humor kommen uns überhaupt in dem Zusammenhang in den Sinn und zu welcher Facette hat jede einzelne Teilnehmerin einen Draht? Was mag jede sowohl in der Anwendung als auch beim „Humor-Konsum"?

Wir sammeln gemeinsam verschiedene Spielarten und Nuancen von Humor: z. B. Ironie, Sarkasmus, Parodie, Witz, Skurrilität, Albernheit, Zuspitzung, Irrwitz, beißender Humor, trockener Humor.

Dem rheinischen Motto „Jeder Jeck is anders" folgend, tauschten wir uns in Kleingruppen anschließend darüber aus, welche Spielarten jeder einzelnen Teilnehmerin individuell liegen. Es ergab sich im Anschluss in der Großgruppe eine Diskussion über die Frage, ob es wohl einen speziellen „weiblichen Humor" gibt. Wenn ja, was macht ihn dann aus? Wir versuchten uns u. a. an den Präferenzen für bekannte weibliche Komödiantinnen zu orientieren. Es bildete sich ein durchaus heterogenes Muster ab: Eine Scheu vor abwertend/verletzend/bloßstellend/aggressiven Humorvarianten war aber durchaus allgemein zu verzeichnen.

Vertiefend suchten wir im nächsten Schritt Antworten auf „Wann?" und „Wo?" D. h. zu welchen Gelegenheiten/Situationen können wir therapeutischen Humor einsetzen.

Hier ergab sich ein angeregter Austausch und eine Diskussion darüber, welche Berufsgruppen in den verschiedenen Arbeitsfeldern (ambulant, stationär, Beratungsstellen, Selbsthilfe-

Gruppen) welche Möglichkeiten der humoristischen Haltung haben: Zur Angstreduktion beim Erstkontakt, zum Signalsetzen bereits durch die Praxisatmosphäre: „Hier darf gelacht werden", zur Schamreduktion z. B. durch humoristisches wie die „Bel Etage" bei der Gynäkologin, zur Entschärfung extremer Situationen – Witze von Todkranken über den Tod (z. B. die im finalen Stadium an einem Karzinom erkrankte Patientin auf die Frage „Wie geht es Ihnen?" „Wie soll es mir schon gehen; ich krebs hier so rum!").

An dieser Stelle wurde sehr deutlich, wie über Humor von Seiten der Betroffenen Ängste, Einschränkungen und auch Hoffnungslosigkeiten benannt und ausgesprochen werden können. Die Äußerungen nehmen zwar nichts von der Schwere des Geäußerten, nur das Äußern wird leichter – eben tragisch-komisch.

Nach einer Pause war es zunächst mühsam, sich dem letzten Aspekt zuzuwenden: Wie konkret können wir Humorvolles in unsere Arbeit einbringen? Mimik, Gestik, Geschichten erzählen oder Witze, Typisierungen, Analogien?

Es tauchten Widerstände und Zweifel in der Gruppe auf, sich überhaupt dem Thema als etwas „Erlernbarem" oder gar „Trainierbarem" zu nähern.

Etwas so Spontanes sollte sich in eine planbare Handlung, in manipulativer Absicht verwandeln? Wo blieben das Selbstverständliche, der Zauber?

Auch hier half schließlich eine Analogie in Sachen „ungelegter Eier", um wieder für etwas mehr Beweglichkeit im Ablauf zu sorgen – Spontaneität und Kreativität nahmen wieder zu.

Zusammengetragen wurden schließlich unterschiedlichste Ansätze zur „Vermittlung" von humorvollen Haltungen im Behandlungsalltag: Als erster wichtiger Punkt wurde genannt, dass es eine grundsätzliche freundliche und heitere Atmosphäre braucht.

Eine gynäkologisch arbeitende Kollegin berichtete vom erfolgreichen Einsatz humorvoller Comics in der Aufklärungsarbeit und bei der Vermittlung von medizinischem Grundwissen. Auch „passende" Schimpfwörter und Witze tragen offenbar auf ihre Art zur Entkrampfung, Distanzierung und Widerstandskraft bei.

Eine Hebamme erzählte aus ihrer Praxis über sehr individualisierte Ansätze, indem sie Informationen aus den Hausbesuchen in später angstbesetzten Situationen im Kreißsaal oder in der häuslichen Nachsorge lösend einsetzt.

In den körperbezogenen Berufen, wie der Gynäkologie, gab es eine berechtigte Sorge, mit dem Humor in sensiblen und von Scham und Hilflosigkeit geprägten Situationen, Grenzen zu überschreiten.

Lachen, Lächerlichkeit und Beschämung liegen in diesen Situationen nahe beieinander, und eine entsprechende Vorsicht ist geboten.

Es herrschte Einigkeit darüber, dass im psychotherapeutischen und beratenden Kontext der Einsatz von Humor eine Waffe der Seele im Kampf um ihre Selbsterhaltung ist, nach dem Motto: Wo Lachen ist, hat das Symptom seine Macht verloren.

Wir erinnerten uns an diesem Punkt auch noch einmal an die positiven physiologischen Konsequenzen des Lachens: vertiefte Atmung, Reduktion des Blutdrucks, Abbau von Stressreaktionen, bessere Durchblutung und Freisetzung stimmungsverbessernder Botenstoffe.

In der Zusammenfassung zeigte sich, dass sich – auf der Basis einer unabdingbaren Wertschätzung – unter den zeitlichen Bedingungen der Praxis eher punktuelle Formen und in der längerfristigen Psychotherapie oder Beratung eher prozesshafte Formen ausbilden. Statement und Beispiele hier – Geschichten und Witze dort.

Als ein genauso wichtiger Aspekt wurden die entlastenden Folgen von Humor bei den Behandlerinnen selbst beschrieben. So benannten einige Kolleginnen eine aktuelle Erleichterung durch den humorvollen Austausch über eigene Hilflosigkeit oder ungeschickte Interventionen.

So fasste die Abschlussrunde gleichsam das Resümee: Humor in all seinen Facetten kann als etwas Spontanes, Lockeres, Intuitives, das Distanzierung erlaubt, aber gleichzeitig auch verdichtet, dem Leben mehr Raum geben. Er kann Zutrauen in die eigenen Kräfte mobilisieren, spannungslösend wirken und die Resilienz entscheidend erhöhen. Humor ist eben, wenn frau trotzdem lacht!

Zu den Personen

Ingrid Broch ist Rheinländerin, Dipl. Psychologin, Psychologische Psychotherapeutin für Verhaltenstherapie (KLVT), Supervisorin bei der DGVT, EMDR Therapeutin. Seit 16 Jahren ist sie in eigener Kassenpraxis tätig, Coaching, Paartherapie.

Hanne Müller ist Dipl. Psychologin, psychologische Psychotherapeutin für Verhaltenstherapie und Gestalttherapie. Seit 18 Jahren ist sie freiberuflich in eigener Kassenpraxis tätig. Fortbildung in Körper- und leiborientiertem Ansatz sowie in Kunst- und kreativpsychologischen Methoden (Fritz-Perls-Institut) – und sie lacht gern.

MOBBING ALS STRUKTURELLE GEWALT GEGEN FRAUEN IN HEILBERUFEN – KEINE ANGST VOR MOBBING, STRATEGIEN ZUR SELBSTBEHAUPTUNG

Dr. med. Monika Heffinger und Anka Kampka

I. Teil – Einleitung zum Workshop
1. *Abspielen des Anti-Mobbing-Liedes*
Fliegen ist einfach, www.die-monologen.de, 2011, als Hintergrundmusik bei Eintreten der Teilnehmerinnen

2. *Begrüßung durch M. Heffinger*
Ankündigung: Vorstellungsrunde Teilnehmerinnen (freiwillig) mit der Bitte, Name und Funktion mitzuteilen und anzugeben, ob eigene Mobbingbetroffenheit vorliegt bzw. warum Interesse am Thema besteht.

3. *Erläuterungen zum Thema, Vorgehensweise*
Welche Gefühle hat das Lied ausgelöst? Gemobbt werden bedeutet sich fühlen *wie Napoleon auf Elba*, d. h. sich alleingelassen fühlen, deprimiert oder auch resigniert sein, wütend sein und auf Rache sinnen, häufig in raschem Wechsel, meistens alles zugleich. *Mobb' dich selber* ist der fromme Wunsch nach Rache, dass den Mobbenden das widerfahren möge, was sie den Betroffenen angetan haben. Mobbing findet auf der Gefühls- und Wahrnehmungsebene statt und stellt eine traumatisierende Erfahrung dar. Bereits die Erwähnung des Begriffs löst ungute, negative Gefühle aus, die sich auch in Reaktionen gegenüber den Betroffenen zeigen. Indem Mobbing-Betroffene zu Mobbing-Opfern erklärt werden, findet

eine gesellschaftliche Ausgrenzung und Umdeutung statt mit Verlagerung in einen moralischen Bewertungskontext. Als Beschreibung für ein weitverbreitetes gesellschaftliches Phänomen gehört der Begriff Mobbing inzwischen auch in Deutschland zum allgemeinen Sprachgebrauch. Das spiegelt auch die Flut an Internet-Inhalten zum Thema wider. Dabei wird meist Bezug genommen auf die Untersuchungen von Prof. Leymann aus den 90er Jahren in Schweden, dem auch die Erfindung des Begriffs selbst zugeschrieben wird. Die Datenlage für Deutschland ist dünn. Es gibt meines Wissens eine einzige Untersuchung zum Thema, die auch als Grundlage für diesen Workshop dient. Anhand der Aussagen dieser Studie werden wir uns heute zuerst mit der Definition von Mobbing beschäftigen, der Frage nach der besonderen Betroffenheit von Frauen, insbesondere in Heilberufen. Eine spezifische Fragestellung dabei ist, wie strukturelle Gewalt als Mittel zu Mobbing benutzt wird.

Der weitere Teil befasst sich mit Lösungsansätzen. Es gibt gesellschaftlich relevante Konzepte wie Betriebsvereinbarungen zu Mobbing oder vorbeugende Lehrinhalte für Schulen als strukturelle Präventivmaßnahmen. (s. Anhang 2) Es soll diskutiert werden, ob Mobbing als eigener Straftatbestand für die Betroffenen hilfreich sein kann. Das Konzept der Resilienz soll vorgestellt werden. Durch Erzeugung und Stärkung der mentalen Widerstandskraft kann die individuelle Bewältigung von Mobbing gelingen.

II. Teil – Begriffsbestimmung Mobbing und strukturelle Gewalt, Betroffenheit von Frauen in Heilberufen (M. Heffinger)

Grundlage für angegebene Daten: *Der Mobbing-Report, Eine Repräsentativstudie für die Bundesrepublik Deutschland, aus Schriftenreihe der Bundesanstalt für Arbeitsschutz und Arbeitsmedizin, 2002, www.baua.de/cae/servlet/.../FB951.pdf*

1. Was ist Mobbing?

Herleitung des Wortes: Einigkeit besteht darüber, dass das Wort Mobbing von Mob abgeleitet ist und in der jetzigen Verwendung aus dem Englischen abgeleitet ist. Im Kriminologie-Lexikon online wird ergänzt, „Mobbing stammt vom lateinischen Wort ‚mobile vulgus' ab und bedeutet somit ursprünglich ‚aufwiegelnde Volksmenge'". In anderen Veröffentlichungen im Internet findet sich auch die Erklärung „Mob zu Deutsch: Die Meute, Das Gesindel, Der Pöbel, Die Bande". Der Begriff Mobbing beschreibt ein Phänomen des Anpöbelns, Angreifens, über jemanden Herfallens, 1963 vom Verhaltensforscher Konrad Lorenz zunächst im Tierreich beobachtet. Lorenz bezeichnete als Mobbing Gruppenangriffe von mehreren unterlegenen Tieren auf einen überlegenen Gegner, beispielsweise von Gänsen auf einen Fuchs. Der schwedische Arzt Peter-Paul Heinemann übertrug 1969 den Begriff auf menschliche Gruppen, die eine sich von der Norm abweichend verhaltende

Person attackieren. Nach Deutschland gelangt und auch bei uns bekannt geworden ist der Begriff durch die Veröffentlichung von Untersuchungen des schwedischen Arztes und Psychologen Heinz Leymann. Dieser sprach erstmals von „Mobbing" in Bezug auf aggressives menschliches Verhalten im Arbeitsleben, wobei seine Untersuchungen sich auf schwedische Verhältnisse beziehen. Die Veröffentlichung der Forschungsergebnisse *(Leymann, 1993)* machte das Phänomen Anfang der 90er Jahre auch in der Bundesrepublik schlagartig bekannt und führte zu einer Sensibilisierung. Die Massenmedien griffen das Thema auf und berichteten in zum Teil reißerischer Aufmachung über dramatische Einzelschicksale und Leidenswege. Meist wurden die Ergebnisse der schwedischen Untersuchungen hochgerechnet und auf die Bundesrepublik übertragen. Übersehen wurde dabei, dass diese aufgrund rechtlicher und ökonomischer Rahmenbedingungen nur für das Land gelten, in dem sie erhoben wurden, und somit im Prinzip nicht übertragbar sind *(Niedl, 1995)*. Aus der Erkenntnis, dass Mobbing ein aggressives Sozialverhalten am Arbeitsplatz beschreibt, entstand auch die Kritik an der Übertragbarkeit der Definition und der Forschungsergebnisse von Prof. Leymann auf deutsche Verhältnisse. Dazu im Mobbing-Report, Seite 18:

Um das Ausmaß von Mobbing repräsentativ festzustellen, musste eine tragfähige und den Rahmenbedingungen einer Telefonbefragung entsprechende Definition zu Grunde gelegt werden, die es einerseits ermöglicht, Mobbing von normalen Konflikten am Arbeitsplatz abzugrenzen und andererseits den bisherigen Stand der Mobbingforschung berücksichtigt. Ausgehend davon, dass in den oben beschriebenen Definitionen übergreifende Gemeinsamkeiten in Bezug auf feindselige Handlungen, Systematik, Häufigkeit und Dauer anzutreffen sind, wurde für die Studie folgende Definition gewählt:

"Unter Mobbing ist zu verstehen, dass jemand am Arbeitsplatz häufig über einen längeren Zeitraum schikaniert, drangsaliert oder benachteiligt und ausgegrenzt wird. Sind Sie derzeit oder waren Sie schon einmal in diesem Sinne von Mobbing betroffen?"

2. Wer wird gemobbt?

a. Mobbingquote in der BRD im Jahr 2000 = Datum der Studie: ca. jede neunte Person im erwerbsfähigen Alter ist schon mindestens einmal in Verlauf ihrer Erwerbstätigkeit gemobbt worden. Für 2000 kann ermittelt werden, dass insgesamt 5,5% der erwerbstätigen Bevölkerung im Laufe des Jahres von Mobbing betroffen waren. Aktuell Betroffene in der erwerbsfähigen Bevölkerung (gemessen an 4.396 im Rahmen der Erhebung befragten Personen im Alter zwischen 15 und 64 Jahren): 2,7%, zzgl. der in der Vergangenheit am Arbeitsplatz gemobbten: 11,3%. Werden ausschließlich die heute Erwerbstätigen als Bezugsbasis gewählt, liegt die Gesamtmobbingbetroffenheit bei 13,4%.

b. Geschlechterverteilung: Ohne Berücksichtigung der Altersverteilung liegt das aktuelle Mobbingrisiko von Frauen um 75% höher als das von Männern. Trotz des geringeren Frauenanteils an den Erwerbstätigen ist die Anzahl der weiblichen Mobbingfälle immer noch deutlich höher als die der Männer: Unter 100 aktuellen Fällen befinden sich 58 Frauen und 42 Männer. Frauen im Alter von 15 bis 65 Jahren haben ein um 34% höheres Gesamtrisiko im Beruf von Mobbing betroffen zu sein.

c. Berufsgruppen: Das größte Mobbingrisiko der hier ausgewiesenen Berufsgruppen tragen die Sozialen Berufe wie Sozialarbeiter/innen, Sozialpädagog/innen, Erzieher/innen etc. (2,8-faches Risiko). An 4. Stelle: übrige Gesundheitsdienstberufe, Mobbing-Risiko-Faktor 1,6 (Heilpraktiker/innen, Masseur/innen, Medizinische Bademeister/innen, Krankengymnast/innen, Krankenschwestern, -pfleger, Hebammen/Entbindungspfleger, Helfer/innen in der Krankenpflege, Diätassistent/innen, Ernährungsfachleute, Sprechstundenhelfer/innen, Medizinisch-technische Assistent/innen und verwandte Berufe, Pharmazeutisch-technische Assistent/innen, therapeutische Berufe, a.n.g.) Die Daten bestätigen damit weitgehend die Erkenntnisse der bisherigen Mobbingforschung in Deutschland, die relativ einheitlich eine Überrepräsentanz von Mobbingbetroffenen im Gesundheitsbereich, in der öffentlichen Verwaltung und im Kreditgewerbe sowie eine Unterrepräsentanz im Bereich Verkehr und Handel bzw. in der Landwirtschaft sieht.

d. Status: Die statistische Verteilung ergibt keine wesentlichen Unterschiede in der Betroffenheitshäufigkeit zwischen Arbeitern/innen, Angestellten und Beamten/innen.

3. Wer mobbt?

In 38,2 % der Fälle wird das Mobbing ausschließlich von Vorgesetzten betrieben. In weiteren 12,8 % mobbt der Vorgesetzte gemeinsam mit anderen Kollegen und Kolleginnen. Dies verdeutlicht, dass in etwas mehr als der Hälfte der Fälle (51,0 %) das Mobbing ausschließlich von Vorgesetzten ausgeht bzw. unter ihrer Mitwirkung stattfindet. Durch eine separate Auswertung konnte ermittelt werden, dass unter den mobbenden Führungskräften der Anteil der direkten Vorgesetzten doppelt so hoch ist, wie der Anteil der indirekten Vorgesetzten – dies unabhängig davon, ob das Mobbing einzeln oder gemeinsam mit anderen erfolgte.

4. *Wo wird gemobbt?*
a. Am Arbeitsplatz: jeder neunte mit Mobbingerfahrung bei ca. 40 Mill. Erwerbsfähigen in der BRD.

b. In der Schule: keine Zahlenangaben, nicht Gegenstand der Referenzstudie.

c. Andere: z. B. Vereine, keine Angaben in der Referenzstudie.

Die vorliegende Studie befasst sich per Definition ausschließlich mit Mobbing am Arbeitsplatz, differenziert nach unterschiedlichen Kriterien wie Berufen, Branchen, Industriezweigen und trifft damit Aussagen über ca. die Hälfte der Bevölkerung. Zählt man Mobbing in der Schule hinzu (ohne auf Zahlen zurückgreifen zu können), ist anzunehmen, dass vermutlich auch ein hoher Anteil der nicht Erwerbsfähigen von Mobbing betroffen ist. Als Fazit lässt sich sagen, dass Mobbing als aggressives Sozialverhalten überall da stattfindet, wo Menschen sich außerhalb ihrer Privatsphäre im öffentlichen Raum bewegen, der durch Gesetze, Vorschriften oder allgemeingültige Normen, d. h. durch strukturelle Vorgaben bestimmt ist.

5. *Wie wird gemobbt?*
„Erst stellt man die Leute in den Schatten, und dann wirft man noch ein schlechtes Licht auf sie." (*aus Aphorismensammlung zu Mobbing, Prof. Uhlenbrock*)

Items Methoden von Mobbing
Streuen von Gerüchten als häufigste Mobbinghandlung: Dabei erleben die gemobbten Personen in der Regel eine Kombination von Angriffen auf der sozialen und der fachlichen Ebene. Betroffenen

wird fachliches Unvermögen unterstellt, über Aussehen oder persönliche Probleme und Krisen wird sich lustig gemacht bzw. Stimme, Gang, Mimik und Gestik der Betroffenen nachgeahmt und sie somit der Lächerlichkeit preisgegeben. Bzgl. der Arbeit im engeren Sinne werden die Kompetenzen und Fähigkeiten einer Person, ihre Leistungs- und Einsatzbereitschaft in Frage gestellt:
- falsche Bewertung der Arbeitsleistung: 57%
- ungerechtes Kritisieren der Arbeit: 48,1%
- Darstellung der betroffenen Person als unfähig: 38,1%

Es findet eine systematische Arbeitsbehinderung statt, indem z. B. erforderliche Arbeitsunterlagen nicht weitergeleitet werden. Auch auf elektronische Medien wird beim Mobbing zurückgegriffen: So werden die Tastatur mit Kaugummi verklebt, Dateien gelöscht, menschenverachtende Passwörter eingerichtet etc.

Soziale Isolation und Ausgrenzung erfolgen bei den bisher genannten Mobbinghandlungen eher subtil bzw. indirekt als Nachwirkungen der verschiedenen Mobbinghandlungen. Mobbing wird empfunden als zielgerichtete (83,5%) bzw. systematische (68,9%) Aktion. Demgegenüber glauben nur 8,2%, dass es sich um ein unbewusstes Vorgehen handelt.

Geschlechterdifferenzierung

Ein direkter Vergleich der Übergriffe gegen Frauen und Männer verdeutlicht, dass *Frauen* überwiegend von *Attacken im sozialen Kontext* betroffen sind – z. B. durch Ausgrenzung und Isolierung, Beleidigungen sowie Sticheleien und Hänseleien – wohingegen *Männer* überwiegend im *fachlichen Kontext* gemobbt werden. Die Frage nach sexueller Belästigung als Mobbinghandlung ist nicht gestellt worden, entsprechend fehlen in der Studie Angaben hierzu.

6. *Wann ist es Mobbing?*
a. Häufigkeit als Definitionskriterium: Zu Mobbing werden Übergriffe erst dann, wenn sie *regelmäßig* auftreten und über einen *längeren Zeitraum* vorkommen. Dabei ist jedoch *keine* vorgegebene Anzahl erforderlich: auch bei Attacken, die weniger als mehrmals im Monat auftreten, können massive Auswirkungen für die Betroffenen resultieren, die sich in wesentlichen Punkten nicht von denen unterscheiden, die bei häufigerem Auftreten von Mobbinghandlungen entstehen (z. B. psychische und physische Erkrankungen bzw. arbeitsrechtliche Konsequenzen).

b. Dauer: Die größte Gruppe wurde „nur" *6 Monate* Mobbinghandlungen ausgesetzt. >50% der Mobbingprozesse dauern *weniger als 12 Monate*, somit ist die typische Mobbingdauer kürzer als ein Jahr.

c. Phasen des Mobbingprozesses:
1. Phase – Konflikte, einzelne Vorfälle: 73,3%
2. Phase – Der Psychoterror setzt ein: 89,3%
3.Phase – Der Fall wird offiziell, arbeitsrechtliche Sanktionen: 61,0%
4. Phase – Der Ausschluss: 59,0%

Nicht alle angeführten Phasen müssen durchlebt werden: Es können Phasen übersprungen und/oder der Mobbingprozess kann unterbrochen oder gestoppt werden. Etwas mehr als ein Viertel gaben an, die erste Phase nicht erlebt zu haben. Erklärung dazu: Mobbingprozesse beginnen teilweise direkt mit einer gezielten systematischen Schikane oder Mobbing ist – auch für die Betroffenen selbst – in der Frühphase schwer erkennbar. Denkbar ist aber auch, dass das Antwortverhalten nicht auf Wahrnehmungsprobleme, sondern vielmehr auf Verdrängung zurückzuführen ist.

7. *Warum wird gemobbt?*

a. Motive (Durchschnittlich vier Motive wurden angegeben):
- keine Erklärung: 7,9 % der Befragten
- Äußerung von unerwünschter Kritik: 60,1 % der Befragten,
- Konkurrenz: 58,9 %
- Neid: 39,7 %

Ca. 25 % gehen davon aus, dass die Mobber durch die feindseligen Handlungen den Arbeitsbereich der Betroffenen an sich ziehen wollen.

b. Hauptgrund: Konkurrenz für die Mobber (19,2 %), bzw. dass das Mobbing gegen sie als Karrierestrategie eingesetzt wurde. Eine geschlechterdifferenzierte Auswertung ist aufgrund der geringen Fallzahlen nur begrenzt sinnvoll. Frauen nennen tendenziell häufiger einen personenbezogenen Hauptgrund als Männer; Männer nennen tendenziell häufiger einen strukturellen Hauptgrund als Frauen. Besonders auffällige Unterschiede zeigen sich bei den Angaben „Neid auf die Fähigkeiten und Kompetenzen": 14,5 % der Frauen gegenüber 9,1 % der Männer. „Geschlecht" als Motiv für Mobbing nennen 2,1 % der Frauen gegenüber 0,2 % der Männer.

8. *Folgen von Mobbing*

In der Literatur werden die Auswirkungen von Mobbing häufig mit Symptomen verglichen, die Opfer von Natur- und anderen Katastrophen aufweisen, d. h. sie werden als traumatisierend beschrieben.

a. Häufigkeit: Bei fast 90 % der Betroffenen wirkte sich das Mobbing auf das physische und psychische Wohlbefinden aus. Ca. 30 % der Gemobbten nahm therapeutische Hilfe in Anspruch. Je häufiger die Attacken, umso schwerer die Auswirkungen auf das persönliche Befinden. Mobbing durch Vorgesetzte oder unter Beteiligung von

Vorgesetzten hat die schwerwiegendsten Auswirkungen. Interessant: hohe Quoten bei kurzen Mobbingprozessen in Bezug auf Krankheit, freiwilligen Arbeitsplatzwechsel im Betrieb und Kündigung.

b. Angaben zu Auswirkungen:
- Ø 66% Demotivation bei der Arbeit, gesteigertes Misstrauen
- ca. 60% Nervosität und zunehmende Verunsicherung
- über 50% Konzentrationsmängel sowie Leistungs- und Denkblockaden
- über 50% Angstzustände, Verlust an Selbstvertrauen, Zweifel an den eigenen Fähigkeiten, Rückzug, Ohnmachtsgefühle und Resignation
- 41,2% Gereiztheit, Aggressivität
- ca. 25% diffuse Schuldgefühle
- 43,9% Krankheit,
  davon 20,1% der Befragten länger als sechs Wochen; dies entspricht knapp der Hälfte (48,9%) aller Erkrankten.
- Typische Stresssymptome wie Schlafstörungen, Kopfschmerzen und Migräneanfällen,
- ferner Atemnot, Lähmungserscheinungen und Neurodermitis, Depressionen, Erkrankungen im Magen- und Darmbereich sowie Herz-/Kreislauf- und Krebserkrankungen.
- 13,4% keine gesundheitlichen Störungen

9. *Opfermentalität*

Man muss unterscheiden zwischen Motiven für Mobbing und der Entstehung von Mobbing. Es gibt kein generelles Verhaltensmuster, das davor schützt, von Mobbing betroffen zu werden. Bestimmte Verhaltensweisen oder auch -fähigkeiten einer Person erhöhen oder verringern aber die Wahrscheinlichkeit, dass sich aus der ersten Mobbingphase ein eskalierender Mobbingprozess entwi-

ckelt. Personen mit einer hohen sozialen Kompetenz und mit ausgeprägten Fähigkeiten zur Konfliktanalyse und -bewältigung haben in der Regel bessere Möglichkeiten, den Ablauf von Mobbing zu durchbrechen und das Mobbing zu stoppen. Dabei handelt es sich aber weniger um typische Persönlichkeitsmerkmale, als vielmehr um konkrete Verhaltensweisen mit Konfliktsituationen (am Arbeitsplatz) konstruktiv umgehen zu können.

„Ich selbst habe – wenn auch unbewusst – zur Entstehung des Mobbing beigetragen" stimmen 17,8 % der Befragten zu, 52,5 % stimmten nicht zu und 29,7 % können es nicht einschätzen. Knapp jede/r sechste Betroffene/r schließt somit nicht aus, dass eigene Verhaltensweisen mit ein Grund für das Mobbing gewesen sein könnten.

III. Teil – Strategien zur Selbstbehauptung, Konzept der Resilienz, 50 Minuten (A. Kampka)

Daran anknüpfend erläutert A. Kampka das Konzept der Resilienz mit seinen sieben Säulen, wobei die Säulen als ineinandergreifende Zahnräder zu verstehen sind.

IV. Teil – Schluss (M. Heffinger und A. Kampka gemeinsam)

Zusammenfassung und Diskussion: Mobbing ist ein komplexer Prozess durch aggressives Sozialverhalten, der im öffentlichen Raum, nicht nur am Arbeitsplatz stattfindet. Das aggressive Sozialverhalten gegenüber einer betroffenen Person findet über einen längeren Zeitraum wiederholt in unterschiedlicher Häufigkeit statt und die/der Betroffene nimmt es wahr und leidet darunter. Das unterscheidet Mobbing von „einfachen" Konflikten. Die Auswirkungen von Mobbing sind abhängig von der Häufigkeit der Attacken und davon, *wer* mobbt. Am Arbeitsplatz findet Mobbing meist unter Beteiligung von oder durch einen direkten Vorgesetzten statt; es besteht also ein Machtgefälle zwischen Gemobbtem und Mobber. Diskriminierung aufgrund von persönlichen Eigenschaften oder Gruppenzugehörigkeit ist kein Mobbing. Jede/jeder kann gemobbt oder zum Mobber werden mit unterschiedlicher statistischer Wahrscheinlichkeit, abhängig von der jeweiligen Position und Funktion in dem betreffenden „öffentlichen Raum".

Mobbing durch Anwendung struktureller Gewalt ist aggressives Sozialverhalten durch Machtausübung unter scheinbar sachlichen Vorgaben. Frauen sind häufiger betroffen als Männer, v. a. in Heilberufen, offenbar unabhängig vom beruflichen Status. Es gibt keine Persönlichkeitsstruktur oder -merkmale, die Mobbing hervorrufen, also keine Opferpersönlichkeit.

Mobbing endet nicht von alleine, sondern wird häufig durch die/den Betroffene(n) selbst beendet, unter Mithilfe von Partnern, Freunden, sowie von Therapeuten.

Mobbing ist weder eine medizinische Diagnose, noch ein justiziabler Tatbestand. Einzelne Mobbinghandlungen sind aber strafbar, wenn sie beweisbar sind.

Bestimmte Fähigkeiten oder Verhaltensweisen einer Person verringern oder erhöhen die Möglichkeit, von Mobbing betroffen zu werden bzw. einen Mobbing-Prozess zu unterbinden – d. h. die Wahrnehmung von Konflikten und deren Beendigung ist von bestimmten Fähigkeiten abhängig, die erlernbar bzw. trainierbar sind. Das Begreifen und Erfahren der eigenen Resilienz und ihr

Training setzen eine Bereitschaft zur Selbstbesinnung und zu einer sachlichen Auseinandersetzung mit der eigenen Situation voraus. Es gibt keine einfach zu handhabende Anleitung oder Tipps, wie Mobbing beendet werden kann, weder bei eigener Betroffenheit noch für andere. Es gibt sowohl auf betrieblicher Ebene als auch für die Schule Konzepte bzw. Lernprogramme, die verhindern sollen, dass aus Konflikten Mobbingprozesse werden.

Bemerkung: Die Initiative gegen Ärztemobbing UG, Landmannstraße 41, 50825 Köln, benutzt das ausgearbeitete Konzept des Workshops für ihre eigene Tätigkeit.

Anhänge:
1. Anti- Mobbing-Lied: „Mobb' Dich selber" Der Wolf
2. www.baua.de Homepage der Bundesanstalt für Arbeitsschutz und Arbeitsmedizin (Telefon-Infos: 0231 9071-0) Mobbing- Studie *www.baua.de/cae/servlet/.../FB951.pdf.*
3. Aphorismensammlung Prof. Dr. med. Gerhard Uhlenbruck (*1929), deutscher Immunbiologe und Aphoristiker.
4. Themenblätter Unterricht Herausgegeben von der Bundeszentrale für politische Bildung/bpb Berliner Freiheit 7, 53111 Bonn www.healthatwork-online.de/fileadmin/downloads/BAuA-Studie_Mobbing.pdf.
5. Aktuelle Studie zu Art und Häufigkeit von Mobbing in verschiedenen Behörden mit guten empirischen Belegen für die Relevanz von Mobbing Präventionsfeld: psychische Gewalt / Mobbing , PIT Brandenburg.
6. Schulische Prävention im Team www.zpid.de/psychologie/mobbing.php Übersicht über die verschiedenen Aspekte von Mobbing und über aktuelle wiss. Literatur.

Zu den Personen

Dr. med. Monika Heffinger, geb. 1953, ist seit 1991 als Radiologin in Remscheid in eigener Praxis niedergelassen, Schwerpunkt Mammografie, seit 2006 auch im Mammografie-Screening-Programm tätig, derzeit im Praxisverbund Radiologie in Remscheid.

Sie leitete den Workshop als Geschäftsführerin der Initiative gegen Ärztemobbing UG mit Sitz Landmannstraße 41 in 50825 Köln.

Anka Kampka ist Beraterin in Konflikt- und Mobbingsituationen, Autorin von „Keine Angst vor Mobbing", Geschäftsführerin des bundesweit tätigen Netzwerkes der Mobbingselbsthilfegruppen Deutschland.

Tagungsimpressionen

Tagungsimpressionen

Tagungsimpressionen

INTERKULTUR ALS RESSOURCE

Birgit Heidtke

Workshop-Ankündigung

Integrativ, multikulturell, interkulturell: drei Beispiele für Begriffe, die wir mit zeitgeschichtlichen Abschnitten der Migrationspolitik verbinden können und die gleichzeitig für sehr unterschiedliche Konzepte in der Arbeit mit eingewanderten Frauen stehen.

Nach einer kurzen Rückschau auf die Entwicklung von feministischen Projekten von und für Migrantinnen werden wir uns mit den Chancen und Risiken interkultureller Ansätze auseinandersetzen. Am Beispiel eines partizipativen Forschungsprojektes zur Geschichte politisch aktiver Migrantinnen in der Region Freiburg steigen wir ein in einen konkreten Erfahrungsaustausch. Wir fragen u. a. nach dem Zugang zu Ressourcen, suchen nach Methoden für partizipatives Arbeiten und stellen die gemischte Perspektive der vielfältigen Mehr- und Minderheiten vor.

1. Handout und Diskussionsgrundlage für den Workshop
Grundsätze für partizipative Entwicklung/Forschung
im interkulturellen Kontext

Diversity im Team: eine interkulturelle und im Hinblick auf Mehr- und Minderheiten „gemischte" Perspektive in der Konzeption und Begleitung des Projekts (und im besten Fall auch in der Projektrealisierung).

Offene Inhalte des Projekts: erster Arbeitsschritt, vor Beginn des Projektes und der Definition seiner Ziele, ist die Recherche vor

Ort (nach Strukturen, Herausforderungen, Wünschen, Ressourcen, Konflikten, Grenzen und Gesetzen, unter dem Blickwinkel des interkulturellen Entwicklungspotenzials vor Ort).

Demokratische Projektentwicklung: fortlaufende, partizipative Entwicklung der Methoden, Strategien und Ziele über den ganzen Projektzeitraum. Alle Projektaktiven sind an diesem Prozess beteiligt (siehe z. B. den Methodenkoffer „Partizipative Qualitätsentwicklung in der Gesundheitsförderung bei sozial Benachteiligten").

Das Empowerment der Teilnehmerinnen ist Arbeitsgrundlage und -prinzip. Dies setzt eine – partizipative – Analyse der vorhandenen Ressourcen und Perspektiven zwischen allen Projektaktiven voraus. Ungleichheiten und Unterschiede im Team sind dabei im Blick.

Das Projekt identifiziert (u. a. kulturelle) Grenzen und Hindernisse und bewegt sich in genau diesem Bereich: um zu intervenieren, neue Konstellationen und Mischungsverhältnisse zu realisieren, Grenzen zu überwinden, Festlegungen in Frage zu stellen.

2. Die Teilnehmerinnen

Die Arbeitsgruppe war klein, aber im Hinblick auf Generationszugehörigkeit und Beziehung zum AKF unterschiedlich zusammengesetzt: zwei Frauen, die sowohl den AKF vertreten als auch im Arbeitsbereich Gesundheit, Frauen und Migration langjährige politische und berufliche Erfahrungen mitbringen, trafen auf jüngere und ältere Frauen, die sich für das Thema (und den AKF) interessieren, als Kulturwissenschaftlerin, Sozialarbeiterin, Biologin, Tibetologin, Integrationsbegleiterin.

So waren auch die Motive der Teilnehmerinnen, sich für interkulturelle Strategien zu interessieren, unterschiedlich.

Interesse an interkulturellen Ansätzen: um Veränderungspotenzial im eigenen Arbeitsbereich in Gang zu bringen, um Bedürfnisse und Lebenslagen von Migrantinnen besser zu verstehen, um sich mit der Konstruktion von Fremden und Fremdheit auseinanderzusetzen.

Konflikte und Grenzerfahrungen aus der eigenen beruflichen Praxis: hier ging es u. a. um Hilflosigkeit und Widerstand gegenüber problematischen Geschlechterkonzepten in MigrantInnencommunities, außerdem um Konflikte mit konfrontativ auftretenden politischen Gruppen im Bereich Migration, um nicht zufriedenstellende Entwicklungen in Projekten und Vereinen, die sich an Migrantinnen richten (Entpolitisierung, fehlende Internationalität, Migrantinnen bleiben unter sich).

Kritische Wahrnehmung der Verhältnisse im AKF: ob Integration, Diversität, Migrantinnen als Mitgliedsfrauen, Interkultur – sie spielen im AKF allenfalls eine marginale Rolle. Allerdings gibt es bei einigen aktiven Vereinsfrauen den Wunsch, dies zu verändern.

3. Diskussion – Erfahrungen und Beobachtungen

Entlang des Handouts entwickelt sich eine Diskussion, bei der zunächst Erfahrungen, Beobachtungen und Hypothesen zu Fragen der interkulturellen Entwicklung in feministischen Projekten und Initiativen zusammengetragen werden. Einige Ergebnisse zusammengefasst:

Auseinandersetzungen und Kooperationen „zwischen den Kulturen" laufen oft in eingefahrenen Konfliktlinien: Rassismusvorwurf gegenüber den Vertreterinnen der Mehrheitsgesellschaft, gleichzeitig steht der real existierende Rassismus in der Alltagskultur, auch zwischen Migrantinnen und Migranten, im Weg.

Internationale feministische Projekte und auch Projekte für Migrantinnen, die in den letzten 20 Jahren entstanden, haben zum Teil ihre politische Grundrichtung verloren. Dort geht es heute vor allem um Beratung und Unterstützung von Migrantinnen, die Projekte und Vereine können eine politische, programmatische Arbeit im Alltag nicht leisten. Dabei taucht die Frage nach den Ursachen auf: Liegt das an der Professionalisierung dieser Projekte? Liegt es daran, dass die Projekte von Migrantinnen getragen werden und diese andere Wege gehen, als die Gründerinnen (in der Regel Angehörige der Mehrheitsgesellschaft) es beabsichtigten?

Vereine und Projekte, die in den Anfangsjahren international(istisch) angelegt waren, entwickeln sich auf mittlere Sicht weg von gemischten Ansätzen: Vertreterinnen der Mehrheitsgesellschaft gehen raus oder bestimmte Nationalitäten dominieren. Gute Mischungsverhältnisse sind selten. Sie können eher gelingen in beruflichen Netzwerken im Arbeitsbereich Migration (z. B. bei Gesundheitslotsinnen, Sprachvermittlung, Beratungsstellen).

Feministische Projekte und Institutionen, die schon länger bestehen, schaffen es nur selten, ihre Stellen und Ämter auch mit Migrantinnen zu besetzen. Als Ursache – oder Argument in der Stellenplanung – werden hier die geringen Personalmittel genannt, die dazu führen, dass Migrantinnen draußen bleiben: Ihnen wird eine ausreichende Kompetenz in allen geforderten Arbeitsbereichen nicht zugetraut; eine große Rolle spielt dabei die Sprachkompetenz. Fortschritte gibt es fast nur in Projekten, die Migrantinnen als Klientinnen haben (z. B. Beratungsstellen, Frauenhäuser), wo interkulturelle und mehrsprachliche Qualifikationen also notwendig sind.

Fortschritte in Richtung interkultureller Ansätze und gemischter Beteiligung von Frauen aus Mehr- und Minderheiten gibt es eher in Freiwilligenprojekten (z. B. Müttercafés in Schulen, Quartiersgruppen).

Feministische Projekte und Vereine, die im Zuge der Neuen Frauenbewegung entstanden, neigen zu homogener Zusammensetzung: So gibt es z. B. im selben Arbeitsbereich Frauenprojekte, wo vor allem Lesben arbeiten und umgekehrt. Das hängt weniger mit den Inhalten und Zielen zusammen, sondern damit, wie es sich jeweils ergeben und entwickelt hat. Von alleine entstehen gemischte Verhältnisse eben eher nicht.

Viele Netzwerke, Vereine und Initiativen der neuen Frauenbewegung waren in ihrer Zusammensetzung alles andere als heterogen. In den beruflichen Netzwerken wurden zwar die Grenzen zwischen den Fachkulturen und Berufsgruppen durchlässig, und es entstanden interessante neue Mischungsverhältnisse. Doch im Hinblick auf soziale und kulturelle Herkunft, auf sexuelle Identität, auf Zugehörigkeit zur Mehr- oder Minderheitsgesellschaft waren sie ziemlich homogen und sind es mehrheitlich bis heute. Dass diese Homogenität auch für die Generationszugehörigkeit gilt, verwundert daher nicht.

4. AKF und Diversity – Beobachtungen im Feld

In der Vorbereitung des Workshops unternahm die Referentin eine kurze Recherche auf der Webseite des AKF. Die Ergebnisse waren eindeutig: Ob in der Zusammensetzung der Akteurinnen des Vereins oder in der Auswahl der Arbeits- und Themenfelder, ob in den öffentlichen Stellungnahmen, überall ist das interkulturelle Entwicklungspotenzial des AKF deutlich zu sehen.

Soweit es sich aus der Außensicht erschließt, präsentiert sich der AKF zu nahezu 100% mit Angehörigen der Mehrheitsgesellschaft – ob im Vorstand, bei den Referentinnen und Rednerinnen der Jahrestagungen oder im Serviceteil mit Adressen von Ärztinnen und Therapeutinnen. International wird es allenfalls durch Vertreterinnen aus Wissenschaft und Politik und über einzelne Mitgliedsfrauen, die interkulturell verpartnert sind.

Bei den veröffentlichten Stellungnahmen auf der Webseite (2002-2014) stehen an der Spitze die Themen Gendiagnostik (6-mal),

Medikalisierung der Geburt und Kaiserschnitt (4-mal), Krebserkrankungen und Früherkennung (7-mal), Pille danach und sexuelle Selbstbestimmung (jeweils 3-mal). Der Internationale Frauentag und der Internationale Tag gegen Gewalt an Frauen bieten auch regelmäßig Anlass zu Stellungnahmen. Unter den einmal bearbeiteten Themen finden sich neben inländischen wie HPV-Impfung, Lesbengesundheit, Papstbesuch, Arzneimittelstudien und Geschlecht auch internationale, z. B. der Welthebammentag oder die Genitale Verstümmelung von Mädchen. Globale und nationale Perspektiven kommen – auf den ersten Blick – in den Stellungnahmen des AKF nur zweimal zusammen: beim Thema Atomkraft und bei der Forderung nach Bleiberecht für Roma und andere Flüchtlingsgruppen.

Darüber hinaus unternahm die Referentin während des ersten Tagungstages auch eine kleine teilnehmende Beobachtung, um zum einen den kulturellen Identitäten und zum anderen Türöffnerinnen für die Entwicklung des interkulturellen Potenzials im AKF auf die Spur zu kommen. Einige Eindrücke:

Kultur ist ein zentraler Begriff in den Diskussionsbeiträgen während der Tagung. Bezugs- und Identifikationsgrößen, die ex- und implizit immer wieder genannt werden, sind die Wissenschaftskultur und ihre „Gegenkulturen" in bildender und darstellender Kunst, Literatur, Musik. Die Diskussionskultur im AKF wird geschätzt und für das Selbstverständnis des Vereins als wichtig wahrgenommen.

Kulturelle Unterschiede werden in den Diskussionen vor allem in Bezug auf Wissenskulturen genannt (z. B. Körpermedizin und ganzheitliche Medizin). Als (weiterhin wirksamer) nationaler Unterschied taucht in der Diskussion explizit nur der zwischen ost- und westdeutscher Gesellschaftskultur auf.

Und, für die Beobachterin eine Überraschung: Die Kultur des Nadelarbeitens wird in der Zuhörerinnenschaft öffentlich gepflegt.

Zwei Arbeitsgruppen und Projekte eröffnen die Wege zur Diversität: das Junge Forum und die AG zur Gesundheit lesbischer und bisexueller Frauen. Sie treten zunächst im Rahmen der Visitenkarten-Party auf informeller Ebene miteinander in Austausch und prüfen, ob und wo sie einen Platz im AKF finden.

Beim Treffen des Jungen Forum zeigte sich unter den potenziell am AKF interessierten Frauen schon allein mit einer deutschkurdischen Teilnehmerin interkulturelles Entwicklungspotenzial für den AKF. Für die nachfolgende feministische Generation steht Diversität selbstverständlich auf dem Programm und so waren im Gespräch dieser Gruppe u. a. Geschlechter- und sexuelle Identitäten sowie Intersektionalität Thema.

Für die Gründungsgeneration interessant ist sicher auch die Wahrnehmung der jüngeren Frauen, dass von ihnen die Diversität im AKF vor allem in Bezug auf inhaltliche und politische Positionen wahrgenommen wird. Einige, allerdings nicht alle in der Gruppe, nahmen Fraktionierungen und einen offen konfrontativen Diskussionsstil wahr, den sie als typisch für die Gründungsgeneration identifizieren. Diese Ansicht wurde allerdings nicht von allen in der Gruppe geteilt: Sie erleben ähnliche Fraktionierungen nämlich auch mit ihren ZeitgenossInnen. Einig waren sich die Teilnehmerinnen aber darin, dass der AKF auf der Tagung eine sehr homogene Alterszusammensetzung präsentierte.

5. Diskussion – Wünsche und Ideen für die Entwicklung des interkulturellen Potenzials im AKF

Zusammenfassung der Referentin

Gemischte Verhältnisse, mehr Diversität können im AKF unter den Mitgliedsfrauen und mit interessierten Kolleginnen entwickelt werden. Dies bedeutet einen Perspektivwechsel, da es eben nicht um die Klientinnen und nicht um politische Öffentlichkeit für Migrantinen und ihre gesundheitlichen Bedürfnisse geht, sondern um den Verein und seine Protagonistinnen.

Dieser Perspektivenwechsel fällt vor allem deshalb nicht leicht, weil im AKF die Fachgruppe Migration brach liegt, und es auch hier dringend Protagonistinnen braucht, die das Thema Frauengesundheit und Migration voranbringen. Daher ging es in der Diskussion im Workshop immer auch um diesen Arbeitsbereich. Es wurde z. B. vorgeschlagen, einen Fachtag des AKF zu veranstalten, in Kooperation mit Migrantinnenverbänden.

Für die interkulturelle Entwicklung innerhalb des Vereins müssen sich die aktiven Vereinsfrauen auf die Suche nach Türen und Türöffnerinnen machen. So wie im Gründungsjahrzehnt einige Frauen die globale Perspektive und außerdem familiäre Migrationserfahrungen beisteuerten, gibt es sicher auch aktuell Schlüsselfrauen, die etwas in Bewegung bringen können. Ein erster Schritt könnte hier sein, die Erfahrungen der in diesem Bereich aktiven Gründungsfrauen und ihre Einschätzungen zu sammeln.

Vorschläge aus der Diskussion

Als AKF gezielt nach feministischen Migrantinnen suchen, mit Ihnen ins Gespräch kommen, sie für den AKF – oder wenigstens als Kooperationspartnerinnen gewinnen.

Die Kooperation mit Migrantinnenverbänden suchen und hier aktive Kooperationen ausbauen.

Innerhalb des AKF nach interkulturellem Potenzial suchen, z. B. nach Mitgliedsfrauen mit eigener oder familiärer Migrationsgeschichte. Ihre Erfahrungen und Perspektiven zum Teil des Prozesses machen und diese Frauen für das Projekt Interkultur im AKF gewinnen.

Eine personelle Quotierung zugunsten größerer Diversität/Interkulturalität als Instrument einführen. Als erster Schritt: bei den Referentinnen und Rednerinnen auf den AKF-Tagungen. Quotierung kann natürlich ebenso in den Ämtern und bei öffentlichen Auftritten des Vereins erwogen werden.

Neue Projekte des Vereins nutzen, um bessere Mischungsverhältnisse zu realisieren, möglichst schon in der Planung und Konzeption. Neu kann hier auch heißen: neue Mitgliedsfrauen und neue Aktive zu gewinnen, den Verjüngungsprozess des AKF intersektionell anzugehen.

Der AKF könnte ein (partizipatives) Projekt im Bereich Interkultur planen und realisieren (z. B. Interkultur in Gesundheitsberufen).

Last but not least (als Beitrag der Referentin): In diesem Prozess das Empowerment nicht aus den Augen verlieren. Dabei geht es um das Empowern aller Beteiligten und in beide Richtungen: Welches Potenzial liegt da bisher für den AKF, für seine Mitgliedsfrauen brach? Was gewinnt der AKF mit einer vielfältigen, aktiven Mitgliedschaft? Welche Chancen bietet er neuen Mitgliedsfrauen? Gibt es Möglichkeiten des Mentoring, zwischen den Generationen und zwischen den Kulturen?

Tipps zum Weiterlesen:
1. Die Webseite Partizipative Qualitätsentwicklung in der Gesundheitsförderung bei sozial Benachteiligten. Gesundheit Berlin e.v.; Wissenschaftszentrum Berlin für Sozialforschung, 2008
http://www.partizipative-qualitaetsentwicklung.de
2. Methodenkoffer
http://www.partizipative-qualitaetsentwicklung.de/subnavi/ methodenkoffer.html
3. Das Portal Intersektionalität, Forschungsplattform und Praxisforum für Intersektionalität und Interdependenzen
http://portal-intersektionalitaet.de
4. Das Frauengesundheitsportal der Bundeszentrale für gesundheitliche Aufklärung (BZgA), u. a. zum Themenreich Migration
http://www.frauengesundheitsportal.de/themen/migration/

Protokoll: Birgit Heidtke, Feministische Geschichtswerkstatt Freiburg e.V., *www.femwerkstatt.de*

Zur Person

Birgit Heidtke arbeitet als freie Historikerin in Freiburg, u. a. am Sozialwissenschaftlichen Frauenforschungsinstitut (Soffi F.) an der Evangelischen Hochschule Freiburg und in der Feministischen Geschichtswerkstatt Freiburg e.V. Sie ist Mitglied des beratenden Arbeitskreises für das Frauengesundheitsportal der Bundeszentrale für gesundheitliche Aufklärung (BZgA). Arbeitsschwerpunkte: Frauengeschichte des 20. Jahrhunderts, Frauengesundheitsforschung, Migration, Flucht und Asyl. Aktuell arbeitet sie in einem Oral History Projekt zur Geschichte politisch aktiver Migrantinnen.

Achtsame Organisationskultur©

Maria Zemp

Ankündigung des Workshops

Die Frauenrechts- und Hilfsorganisation *medica mondiale* und die Trainerin und Fachberaterin Maria Zemp setzen derzeit in Zusammenarbeit ein Konzept um, das auf die Förderung der Resilienz auf der institutionellen Ebene abzielt. Ausgangspunkt ist die Einsicht, dass Menschen, die chronischem (traumatischem) Stress ausgeliefert sind oder mit solchen Menschen leben oder arbeiten, anfällig für eine chronische Aktivierung des autonomen Nervensystems („Hyperarousal state") sind. Folgen von z. B. transgenerationaler oder primärer Traumatisierung, die aus dem Lebensumfeld der Mitarbeiterinnen resultieren, hinterlassen ebenfalls spezifische Reaktions- und Verhaltensmuster. Die daraus resultierende chronische Übererregung kann zur Etablierung eines Stressmusters in der Organisation/Einrichtung/Praxis führen. Das steht ruhigem, besonnenem Arbeiten im Wege und ist nicht selten der Boden, auf dem Konflikte oder Überforderungen entstehen.

Das Konzept Achtsame Organisationskultur© ist ein ganzheitliches Konzept der Resilienzförderung, das alle Ebenen der Organisation (von der Buchhaltung bis zur Facharbeit, von der Leitung bis zur AssistentIn) einschließt. Diese Maßnahme zielt darauf ab, die Gesundheit und Leistungsfähigkeit der MitarbeiterInnen zu fördern, und die Widerstandsfähigkeit und Stabilität der Gesamtorganisation/Einrichtung zu stärken. Im Workshop werden einzelne Maßnahmen vorgestellt und gemeinsam mit den TeilnehmerInnen überprüft, welche an ihrem jeweiligen Arbeitsplatz (Praxis, Krankenhaus, Einrichtung) sinnvoll und umsetzbar sind. Das Zielpublikum unseres Workshops sind Fach- und Führungskräfte, die in ihrem Arbeitsfeld direkt mit von Gewalt betroffen und traumatisierten Frauen zu tun haben (z. B. Klientinnen, Patientinnen, Interviewpartnerinnen), oder indirekt im Rahmen von Projektplanung oder -organisation, Öffentlichkeitsarbeit etc.

Durchführung des Workshops und Teilnehmerinnen

Leider erkrankte Karin Griese kurzfristig, so dass der Workshop von Maria Zemp alleine durchgeführt wurde. Knapp 40 Frauen aus den unterschiedlichsten Berufsfeldern nahmen teil: Ärztinnen mit eigener Praxis, Gynäkologinnen, Hebammen, Psychiaterinnen und Psychologinnen, Supervisorinnen, Leiterinnen von Mutter-Kind-Einrichtungen, Mitarbeiterinnen von Beratungsstellen, Gewaltschutzzentren, Mädchenberatungsstellen und Frauengesundheitszentren, Frauenbüro, Fachstelle Gender, Verantwortliche der Landes-Arbeitsgemeinschaft (LAG) Lesben.

Ziel des Workshops

Die Teilnehmerinnen sind informiert über den Kontext und die Ziele einer Achtsamen Organisationkultur©. Sie kennen die Komponenten und haben sich selber mit Trauma-Stressdynamiken an ihrem Arbeitskontext vertraut gemacht. Fragen zum Konzept und zur Umsetzung sind ausgetauscht. Der Workshop schafft einen Rahmen, in dem die Bedeutung von Achtsamkeit durch die angewandte Methodik und durch selbstreflexive Übungen erfahren werden kann. Im Erfahrungsaustausch der Teilnehmerinnen untereinander wird das vorgestellte Konzept in den alltäglichen Handlungsrahmen gesetzt und Umsetzungsfragen erörtert.

Achtsame Organisationskultur© 185

Raumgestaltung
* Sitzkreis mit einer gestalteten Mitte (Herbstfrüchte und Herbstblätter)
* Büchertisch

Materialien
* Power-point-Präsentation mit dem Konzept „Achtsame Organisationskultur©"
* Arbeitsblätter
* Antistressbälle
* Postkarten *medica mondiale* mit Porträts von Frauen aus den Projektländern

Die Teilnehmerinnen haben eine Arbeitsmappe mit Literaturangaben, Arbeitsblättern und einem Faden, der zur Gruppenbildung genutzt wurde, bekommen.

Methoden
- Präsentation mit Diskussion
- Arbeitsgruppen: angeleitete Fragestellungen mit Arbeitsblättern
- Reflektive Übungen

Nach folgendem Konzept wurde im Workshop vorgegangen:

Einstieg
Dieser wurde exemplarisch gestaltet, wie er in den Trainings zur Implementierung einer Achtsamen Organisationskultur© bei *medica mondiale* eingeführt wurde.

Der nachfolgende Text setzt das Thema in den gesellschaftspolitischen Rahmen und deutet das Potenzial des Konzeptes an.

Muße und Politik[1]

Muße ist für mich in Anlehnung an Hanna Arendt (2001) zweckfreie Zeit, frei von äußeren und inneren Zwängen. Und diesen Raum brauchen wir, damit wir selber denken lernen, aber auch Grenzen des Denkens erkennen und sie vielleicht transzendieren. Ich halte die Bereitschaft zur Muße in unserer Zeit, die von Unernst und Langeweile, Überforderung und besinnungsloser und nutzloser Hektik geprägt ist, für einen revolutionären Akt – aber nur dann, wenn wir in Verbindung bleiben mit unseren Mitmenschen, und zwar nicht nur gefühlsmäßig und privat, sondern als Bürgerinnen und Bürger eines aufgeklärten, demokratischen und säkularen Verfassungsstaats.

Eine so verstandene Muße ist für mich der Schlüssel zu einem guten Leben und die Grundlage für eine wertschätzende und zugleich kritische Haltung zu Kultur, Gesellschaft und Politik. Ohne

---

1 Wetzel, Sylvia; Stuttgart 2014: Achtsamkeit und Mitgefühl – Mut zur Muße statt Hektik und Burnout, Zitat S. 114.

Muße sind wir nicht in der Lage, unser Leben zu schätzen und zugleich zu hinterfragen und einen Gegenentwurf zum bestehenden zu entwerfen, und das gilt ganz besonders für Umbruchzeiten wie der unseren. Ohne Muße bleiben wir in schwierigen Zeiten in Empörung und bloßer Kritik stecken oder resignieren und ziehen uns zurück in ein scheinbar belastungsarmes Leben, ganz privat und familiär oder in einer freien Singleexistenz ohne viele Verpflichtungen. Doch selbst ein gutes privates Leben bleibt ohne Bezug zur gemeinsamen Welt flach und arm.

Dem Text folgte die Übung „Die vier Ebenen der Achtsamkeit – das Instrument stimmen". Damit hatten die Teilnehmerinnen die Möglichkeit, bei sich selber anzukommen, und sie lernten ein einfaches Angebot kennen, das ihnen helfen kann, ihre geistige und körperliche Wahrnehmung als Ausgangort für eine Haltung der Achtsamkeit zu schulen.

Kurze Vorstellung der Personen und Kooperation

Die Teilnehmerinnen

Bei der Größe der Gruppe verzichteten wir auf eine Vorstellungsrunde, das holten die Teilnehmerinnen später in ihren Arbeitsgruppen nach. Ich bat sie lediglich um eine Namensrunde und eine kurze Angabe zu ihrem Arbeitsplatz.

Zur Person Maria Zemp

Anhand einzelner Stationen ihrer Biografie hat Maria Zemp aufgezeigt, dass das Konzept Achtsame Organisationskultur© keine Neuerfindung ist, sondern die Erfahrungsfelder der feministischen Frauengesundheitsbewegung bündelt. Was das konkret bedeutet, wird später in der Vorstellung des Konzeptes erläutert werden. Kurz zum biografischen Weg: mit der Ausbildung zur Krankenschwester begann sie ihren beruflichen Weg, gründete gemeinsam mit anderen Frauen die Frauengesundheitsbewegung in der Schweiz. Nach ihrer Umsiedlung nach Deutschland kam sie mit dem Thema Gewalt gegen Frauen in Berührung, das sich etwa zeitgleich ins Bewusstsein der Feministinnen drängte. Mittlerweile als Heilpraktikerin tätig, bildete sie sich in Körperpsychotherapie weiter, um sich später in das Themenfeld „Trauma und die Folgen" einzuarbeiten und entsprechende Therapiefortbildungen zu machen. Seit vielen Jahren ist sie mit dem Schwerpunkt Traumaarbeit in eigener Praxis tätig. Seit elf Jahren arbeitet sie regelmäßig für und mit *medica mondiale* als Consultant im Traumafachbereich, der von Karin Griese geleitet wird. Ihr Schwerpunkt dort ist, gemeinsam mit anderen Kolleginnen, die Erstellung der Konzepte und Implementierung einer traumasensiblen Haltung. Diese Arbeit führt sie regelmäßig nach Afghanistan und Liberia, wo die Kolleginnen vor Ort mittlerweile die eigenen Organisationen *medica Afghanistan* und *medica Liberia* gegründet haben.

Einführung ins Konzept / Konzeptentwicklung / Feministische Theorie im Hintergrund
Von der Selbstfürsorge zur Bedeutung der „human ressources" im Arbeitskontext

Durch die intensive Auseinandersetzung mit dem Thema Gewalt, Trauma und die Folgen sind das Verständnis und die Sensibilität dafür gewachsen, wie sich Traumadynamiken innerhalb einer Organisation auf den unterschiedlichsten Ebenen auswirken können. *medica mondiale* war vermutlich eine der ersten Fachorganisationen, die bereits während ihres Einsatzes gegen sexualisierte Kriegsgewalt im Balkan das Thema „indirekte Traumatisierung und Selbstfürsorge" als zentralen Baustein in der Begleitung der Projektarbeit verankert hat.

Außerhalb von Frauenorganisationen wurde die Notwendigkeit der Selbstfürsorge eher freundlich belächelt oder – wie Maria Zemp es bezeichnet – „hausfrauisiert". Damit meint sie, dass die „Fürsorgearbeit" (care-Arbeit) zur nichtbezahlten „Nebentätigkeit" abgewertet wird, genauso wie erwartet wird, dass die individuelle Reproduktions- und Fürsorgearbeit als selbstverständliche „Nebentätigkeit" nach Feierabend (meist von Frauen) noch erledigt wird.

Bei der Denksuche, wie eine ganzheitliche Gesundheitsfürsorge innerhalb eines Betriebes zu einem eigenständigen Instrument der Organisationsentwicklung werden könnte, stieß Maria Zemp auf die Konzepte der feministischen Ökonominnen um Mascha Madörin[2].

Sie rücken den Care-Sektor – die typisch weibliche Versorgungs- und Erziehungsleistung – in den Mittelpunkt und richten die Ökonomie einer Gesellschaft nicht an der Gewinnmaximierung aus, sondern daran, wie gut der Care-Sektor einer Gesellschaft monetär und strukturell aufgestellt ist. Verkürzt: im Zentrum steht der Mensch mit seinen Potenzialen (u. a. Arbeitskraft) und mit seinen Begrenzungen, die ihn abhängig von Fürsorge machen (u. a. Krankheiten).

Übertragen auf die Organisation/Einrichtung bedeutet das: Das kostbarste Kapital einer Organisation sind die „human ressources" und diese sind – wie alle lebendigen Ressourcen – beschränkt. Feministische Theoretikerinnen wie Maria Mies haben uns die Abhängigkeit von Ökonomie und Ökologie bereits sehr früh aufgezeigt. Ein ökologischer Umgang mit menschlichen Ressourcen in einem Betrieb bedeutet, dass anerkannt wird, dass Menschen ihre Leistungsfähigkeit nicht unendlich steigern können und sie

---

2 *www.femco.ch/cms/upload/pdf/WasIstCareOekonomie.pdf*

trotz aller Selbstoptimierung manchmal erschöpft sind und krank werden. Jede Organisation/Einrichtung tut gut daran, nicht als erstes die Gewinnmaximierung/Leistungsfähigkeit als betriebliches Erfolgsziel zu feiern, sondern die Leistung am Umgang mit „den Humanen Ressourcen" zu messen. Das könnte konkret bedeuten, dass die Firma/Einrichtung ihren Erfolg daran misst, wie gut sie kranken MitarbeiterInnen den Wiedereinstieg organisiert hat, oder daran, ob Konfliktlösungen im Unternehmen so klug und besonnen angegangen wurden, dass möglichst keine „Köpfe gerollt" sind.

Was sich hier vielleicht utopisch anhört, wird in Wirtschaftszeitungen, angesichts der prognostizierten Krankheitsstatistiken, durchaus genauso thematisiert. Die Ausbeutung der MitarbeiterInnen bis zur Erschöpfung und die daraus resultierende Notwendigkeit, „Ressourcen immer wieder zu ersetzen", hat sich längst als eine sehr unwirtschaftliche Betriebsführung erwiesen.

Ressourcen – Regeneration-Resilienz

Ausgehend von einem achtsamen Umgang mit der Ressource Mensch, muss die Tatsache anerkannt werden, dass Ressourcen nie ewig und unendlich zur Verfügung stehen. Um sie im günstigsten Falle möglichst langfristig nutzbar machen zu können, ist ein kluger, weitsichtiger Umgang damit erforderlich. Dabei ist sicher der Prozess der Regeneration ein wesentliches Kriterium.

Neben den fachlichen Anforderungen, die Menschen an ihrem Arbeitsplatz zu erfüllen haben, belastet der Faktor „Umwelt" – am häufigsten das zwischenmenschliche Beziehungsfeld – und kann zur Erschöpfung führen. Menschen brauchen Zeit zur Erholung, was weit mehr ist als nur Ertüchtigung. Sie brauchen Muße, Nichtstun und zweckfreie Zeit, an deren Ende nicht planbare Erfahrungen stehen.

Einschub: Das Stresserfassungsinstrument „Trierer Inventar zum chronischen Stress (TICS)[3]" verknüpft beide Bereiche und ist daher sehr gut geeignet, um eine ganzheitliche Stressdiagnostik in Betrieben zu machen.

Zurück zur Regeneration: Diese ist längst nicht nur aktiv herbeizuführen. Der Vorgang der Regeneration ist immer wieder nur bedingt steuerbar und immer wieder auch ein Geschenk, wenn er gelungen ist! Diesem Vorgang verwandt ist das, was wir heute Resilienzbildung nennen: Die Bildung von Widerstandskräften bewahrt uns nicht davor, erschöpft, belastet oder gar krank zu sein. Vielmehr sind es Kräfte, die uns lehren, dass wir Krisen im Leben bewältigen können. Diese selbstregenerativen Kräfte der Menschen sind mit der Selbstermächtigung (Empowerment) verbunden. Dass sich ganze Potenziale regenerieren und ermächtigen können, ist bekanntlich nie nur individuell, sondern unmittelbar verbunden mit der Umwelt/Gesellschaft/Kultur/, und sollte keinesfalls verwechselt werden mit dem neoliberalen Mantra: „Jeder ist seines eigenen Glückes Schmied". Resilienzbildung braucht eine Umgebung, die die Begrenzung und die Regeneration von Ressourcen achtet.

Übertragen auf die Lebenswelt Arbeit bedeutet das: Dort wo Menschen ihre individuellen Ressourcen in einem ökologischen Sinn einbringen können, wo die Strukturen einen bewussten Umgang mit individuellen und betrieblichen Belastungsfaktoren ermöglichen, können sie sich sicher fühlen, dass nicht die Haltung „je höher, umso besser" zählt, sondern vielmehr im Zentrum der Anerkennung die gemeinsame/individuelle Bewältigung von schwierigen Umständen steht.

3 *www.testzentrale.de/.../trierer-inventar-zum-chronischen-stress.html*

Pionierarbeit bei medica mondiale
Auf diesem Hintergrund wurde das Konzept Achtsame Organisationskultur© erdacht und bei *medica mondiale* eingebracht. Nach sorgfältiger Überprüfung durch die Geschäftsführung und das Managementteam wurde beschlossen, das innovative Konzept zu implementieren. Dafür wurde ein Projektantrag gestellt. Mit großem Interesse haben die Geldgeber das Konzept zur Kenntnis genommen und eine zweijährige Umsetzungsphase finanziell bewilligt.

Wir stehen heute am Ende des ersten Umsetzungsjahres, und alle Beteiligten (Mitarbeiterinnen, Bereichsleiterinnen, Geschäftsführerinnen, Vorstand) sind sehr inspiriert und motiviert, dem gelungenen Beginn, u. a. durch Trainingsmaßnahmen, im zweiten Jahr zur Nachhaltigkeit zu verhelfen.

Maria Zemp setzt einzelne Komponenten des Konzepts auch in anderen Organisationen, im Jugendhilfe- und im Gesundheitsbereich, um.

Was verstehen wir unter Achtsamer Organisationskultur©[4]?
Organisationale Selbstfürsorge: Es geht um eine „Für"-Sorge, die das Wohlergehen der Organisation als Ganzes im Blick hat.

Ziel des Konzepts ist es, die Resilienz (Widerstandsfähigkeit) von Mitarbeiterinnen und Gesamtorganisation/-einrichtung zu fördern.

Die Resilienzforschung beschreibt vier wesentliche Fähigkeiten als Grundlage der Resilienzbildung (Harvard Business School Press 2003):
1. Realitäten anerkennen fördert die Fähigkeit, mit Krisen umgehen zu lernen;
2. Werte und Sinnfindung geben Halt und orientieren;

---
4 Auszüge Power Point Karin Griese 2014.

3. Improvisationsfähigkeit und Flexibilität erhöhen das Potenzial, Konflikte und Probleme zu lösen;
4. Gemeinschaft bilden und erhalten: Menschen können Belastung besser ertragen, wenn sie wissen, *für was* und *für wen*.

Bedarf? Traumadynamik – Individuelle Ebene

Mitarbeiterinnen/Ehrenamtliche in Frauenschutzhäusern, Beratungsstellen, Praxen, Kliniken, Jugendeinrichtungen etc. sind potenziell direkter und indirekter Traumatisierung ausgesetzt.

Direkte Traumatisierung

Sie entsteht durch Kontakt von Mitarbeiterinnen mit Trauma und Gewalt im Arbeitskontext. Diese sind mit den akuten und chronischen Stressfolgen (wie z. B. posttraumatischer Belastungsstörung) von Frauen/Kindern konfrontiert; sie arbeiten mit Kolleginnen, die möglicherweise selbst Gewalt erfahren haben. Eigene posttraumatische Belastungsstörungen können die Folge sein.

Indirekte Traumatisierung

Durch Beratungsarbeit oder Zusammenleben mit traumatisierten Menschen (u. a. durch Spiegelneuronen, neuronale Stimulation, Resonanz) können primäre Traumatisierungen, falls vorhanden, aktiviert werden.

Geschlechtsspezifische Komponente

- Auch in Deutschland ist nach wie vor jede dritte Frau von Gewalt betroffen;
- Miterleben von Gewalt in eigener Familie oder bei Freundinnen;
- Ggfs. eigene Kriegserfahrungen als Migrantin;
- Viel Empathie und Mitgefühl, Solidarität, Identifikation mit dem Thema (sexualisierte) Gewalt gegen Frauen.

Folgen: Sensibilisierung kann zu hoher Alarmbereitschaft führen, Gefahr der Retraumatisierung ist erhöht.

Transgenerationale Traumatisierungen
- Kriegserfahrungen der Eltern- oder Großelterngeneration;
- Übertragung durch Zusammenleben (Hyperarousaler state, Spiegelneuronen)

Folgen: Kinder übernehmen die erhöhte Alarmbereitschaft der Eltern, Erschöpfungsgefahr groß, da oft unbewusste Stress- und Bewältigungsmuster, verunsichert in ihren Bindungsmustern.

Mögliche Auswirkung der Trauma-Dynamik
auf Organisationen/Einrichtungen
- Durch extremen Stress werden Hormone ausgeschüttet, die dem Körper signalisieren, dass er sich auf eine Verteidigungsreaktion vorbereiten muss (u. a. erhöhte Herzfrequenz, schnellere Atmung).
- Menschen, die chronischem (traumatischem) Stress ausgeliefert sind oder mit solchen Menschen leben oder arbeiten, sind anfällig für eine chronische Aktivierung des autonomen Nervensystems (Hyperarousal, Übererregung). Diese chronische Übererregung kann zu einem Stressmuster in der Organisation/Einrichtung (oder auch in Familien) werden.

Zwischenruf:
Das Trauma ist *nicht* im Ereignis, es wirkt nach im Nervensystem, da wo der traumatische Stress erinnert und verarbeitet wird.

Das Trauma ist *nicht* in der Organisation, es wirkt nach in der Stress-Dynamik, die in der Organisation durch das Zusammenspiel der individuellen Mitarbeiterinnen und dem Umfeld, mit dem sie in Kontakt sind, zur Wirkung kommt.

Mögliche Folgen der Trauma Dynamik in Organisationen[5]
- Organisation re-inszeniert Traumainhalte (z. B. sich immer wieder als Opfer fühlen, Täter-Opfer-Dynamik);
- Impulsive Entscheidungen, keine langfristige Planung;
- Organisation erzeugt unnötige Krisen intern und extern;
- Überarbeitung, unzumutbare Erwartungen;
- Ausbeutung von MitarbeiterInnen;
- Selbstfürsorge wird gering geschätzt, Aufopferung belohnt;
- Wenig Vertrauen in eigene MitarbeiterInnen, wenig Delegation;
- Interne Grabenkämpfe, Spaltungsdynamik;
- Ausschluss von AbweichlerInnen, Mobbing;
- Hohe Fluktuation;
- Realitätsverlust als Folge der Traumadynamik[6], mangelnde Sensibilität gegenüber KlientInnen;
- Widerstand gegen Selbstkontrolle, Evaluation und Lernen;
- Widerstand gegen Veränderung;
- Schuldzuweisung an andere;
- Größenwahn (heroisches Selbstbild), höchste Ansprüche.

Wie sieht das Konzept Achtsame Organisationskultur© aus?
Ganzheitlich

Es bezieht sich sowohl auf die einzelne Mitarbeiterin als auch auf die Gesamtorganisation (Unterschied z. B. zu individueller Burn-out-Prävention). Umgesetzt wird es u. a. durch Maßnahmen zur psychischen und körperlichen Gesundheitserhaltung, Bewusstseinsbildung der Mitarbeiterinnen, Anpassung von Arbeits- und Planungsabläufen, soziale und kulturelle internbetriebliche Bildung.

---
5 (Munroe zitiert nach Pross 2009)
6 (Walkup zitiert nach Pross 2009)

Grundlage: Achtsamkeit
Kernelement ist die Haltung der Achtsamkeit, die täglich sowohl individuell als auch strategisch langfristig in allen Bereichen der Organisation lebendig erhalten werden muss.

Achtsamkeit zeichnet sich aus durch geistige und körperliche Bewusstheit, die durch unterschiedliche Techniken kontinuierlich eingeübt werden muss.

Komponenten Achtsamer Organisationskultur©
I. Stress- und traumasensible Haltung und Kommunikation
II. Ganzheitliche Gesundheitsfürsorge
III. Strukturelle Komponenten/Instrumente
IV. Wirksamkeit beobachten und reflektieren
V. Kultur schaffen

Wie kann das Konzept umgesetzt werden?

- Identifizierung des Bedarfs;
- Information aller Beteiligten, auch Betriebsrat, Vorstand etc.;
- Anpassung des Konzepts auf den identifizierten Bedarf;
- Partizipative Entwicklung in jeder Einrichtung;
- Bestandsaufnahme bereits vorhandener Maßnahmen;
- Priorisierung der gewünschten Maßnahmen;
- Ggfs. Trainingsangebote für alle Ebenen und Abteilungen;
- Baseline und begleitende Evaluation;
- Prozessbegleitung durch Trainerin.

Zurück zum Verlauf des Workshops:
Arbeitsgruppen
An dieser Stelle der Nachbereitung wurde die Präsentation unterbrochen und die Teilnehmerinnen haben sich in acht Arbeitsgruppen mit ca. fünf Frauen aufgeteilt.

Folgende Fragen standen wahlweise zur Diskussion:
- Was bedeutet Achtsamkeit für mich?
- Wie fördere ich persönlich meine Resilienz?
- Gibt es an meinem Arbeitsplatz resilienzfördernde Maßnahmen?
- Welche Trauma-, Stressdynamik beobachte ich an meinem Arbeitsplatz?

Ergebnisse der Arbeitsgruppen
Die Teilnehmerinnen haben sehr schnell einen direkten Alltagsbezug zum Konzept geschaffen und eine hohe Plausibilität festgestellt. Die Stimmung schwankte zwischen Betroffenheit über das Ausmaß der festgestellten Dynamik am eigenen Arbeitsplatz und Begeisterung darüber, dass Vieles, was sie doch schon immer so gedacht, gefühlt und beobachtet hatten, sprachlichen Ausdruck und Zuordnung bekommen hat. Besonders die Umsetzungsmöglichkeiten stießen auf großes Interesse. Alle Anwesenden stimmten darin überein, dass das Konzept Achtsame Organisationskultur© ein innovatives und „überfälliges", hilfreiches und implementierbares Instrument ist und zur Organisationsentwicklung genutzt werden kann.

Fragen zur Umsetzung und zum Inhalt
Fragen, die sich durch die Diskussion in den Arbeitsgruppen ergeben haben, wurden im Anschluss im Plenum von den Teilnehmerinnen oder der Referentin beantwortet.
  Beispiele sind:
- Bis zu welchem Grad können Mitarbeiterinnen zu Achtsamkeit und Gesundheitsfürsorge verpflichtet werden?
- Wie kann das Konzept Achtsamkeit ins Team integriert werden, so dass es von ihm angenommen wird?
- Stress- und traumasensible Haltung/Kommunikation, wie geht das im Alltag trotz dauerndem Drama?

- Wie funktioniert das Konzept ohne Leitungsstruktur?
- Wie implementieren kleine Betriebe, Praxen das Konzept?
- Was ist die Spezifik der traumatypischen Übertragung?
- Kann das Konzept eingekauft werden?

Abschluss

Zum Abschluss hat jede Teilnehmerin eine Postkarte erhalten, auf der Frauen aus den Projektländern von *medica mondiale* abgebildet und Slogans vertreten sind wie: Hoffnung schenken, Recht und Gerechtigkeit jetzt …

Auf die Rückseite hat jede Teilnehmerin für sich eine erste kleinere oder größere Maßnahme festgehalten, wie sie Inhalte aus dem Workshop im Arbeitsalltag umsetzten möchte.

Die Referentin teilte mit den Anwesenden ihren unerschütterlichen Glauben, dass, so lange ein Mensch am Leben ist, immer ein unversehrter Kern vorhanden ist und dass es gilt, mit diesem Kern in Kontakt, Beziehung und Begegnung zu kommen. Jeder Teilnehmerin wurde ein Stein angeboten, um sich immer wieder an die Regenerationskräfte, die in jedem Menschen stecken, zu erinnern.

Quellen:

Harvard Business School Press 2003: Harvard Business Review on Building Personal and Organizational Resilience.
Griese, Karin; Köln 2014: Power-point-Präsentation „Arbeitsansatz Traumasensible Haltung", *medica mondiale*.
Pross, Christian; Stuttgart 2009: Verletzte Helfer – Umgang mit dem Trauma: Risiken und Möglichkeiten sich zu schützen.

Protokoll: Maria Zemp

Zur Person

Maria Zemp, Jahrgang 1957, ist Krankenschwester, Heilpraktikerin, Körperpsychotherapeutin ECP, Coach ISP, Fachreferentin für Trauma-Arbeit und Frauengesundheit, seit 1992 tätig in eigener Praxis.

Zusammenarbeit mit *medica mondiale* seit 2003: Entwicklung und Umsetzung eines traumasensiblen Ansatzes für Gesundheitsfachkräfte in Afghanistan und Liberia.

2012 Qualifizierungsmaßahme zum professionellen Umgang mit Gewalt und Traumatisierung in der Arbeit von Familienhebammen im Auftrag des Landesverbandes NRW. Fortbildungsmaßnahmen zur Umsetzung einer traumasensiblen Haltung von Gesundheitsfachkräften im klinischen und außerklinischen Bereich sowie für Einrichtungen im Rahmen der Jugendhilfe.

www.Beratung-MariaZemp.de

Was ändert sich? Ändert es was? – Was bedeutet die zunehmende Verordnung von Psychopharmaka?

Moderation: Dipl. Psych. Ulrike Hauffe

Podiumsdiskussion

Die Pause war kurz. Wir steigen jetzt aus dem marinierten Zwischenraum in die Realitäten, die rechts und links, oben und unten, jenseits dieses Zwischenraums liegen und sehr dominant sind. In diesem Zwischenraum haben wir über Erschöpfung und Müdigkeit geredet, weil genau dieses Drumherum weder Erschöpfung noch Müdigkeit zulässt. Wir haben das Thema dieser Podiumsrunde erweitert und werden nicht nur – aber auch – über das sprechen, was der Titel erwarten lässt.

Es freut mich Ihnen fünf Frauen vorstellen zu können: *Professorin Dr. med. Anke Rohde*, die heute mit Krücken angekommen ist, und wir wollen an dieser Stelle die Motivation, dennoch zu kommen, sehr loben. Frau Rohde ist Fachärztin für Psychiatrie, Psychotherapie und Nervenheilkunde. Wir beide kennen uns aus der Deutschen Gesellschaft für psychosomatische Frauenheilkunde und Geburtshilfe. Frau Rohde ist seit 1997 Leiterin der gynäkologischen Psychosomatik am Zentrum für Geburtshilfe und Frauenheilkunde des Universitätsklinikums Bonn. Sie beschäftigt sich besonders mit der Diagnostik und Behandlung von Frauen mit verschiedensten Problemen, zum Beispiel Depressionen in Lebensphasen wie der Schwangerschaft und Postpartalzeit. Von ihr liegen Forschungsarbeiten über pränatale Diagnostik, Fragen zur Beratung bei verdrängten Schwangerschaften und über die Sinnhaftigkeit von Babyklappen vor. 2007 ist ihr Lehrbuch zur gynäkologischen Psychosomatik und Gynäkopsychiatrie veröffentlicht worden.

Die nächste in der Runde ist *Dr. Dagmar Hertle*, die am Freitag mit sehr großem Votum zur ersten Vorsitzenden des AKF gewählt wurde. Dagmar Hertle ist Fachärztin für Innere Medizin und Psychotherapie. Sie war als Hausärztin tätig, arbeitete aber auch in der Klinik und bei einer großen Krankenversicherung. Für unser heutiges Thema ist besonders interessant, dass sie seit 2010 Projektleiterin im BQS-Institut für Qualität und Patientensicherheit ist und sich dort mit Qualitätssicherungsprojekten, Gesundheitsberichterstattung und Gutachten für das Bundesministerium für Gesundheit beschäftigt. Das BQS-Institut hat gerade ihr Gutachten zur Rehabilitation pflegender Angehöriger veröffentlicht – mit einer besonderen Wertschätzung der einzigen frauenspezifischen Rehabilitation, die wir in Deutschland haben, das sind die vom Müttergenesungswerk zertifizierten Kliniken.

Frau *Professorin Dr. Thürmann* lebt und arbeitet in Wuppertal. Frau Thürmann hat Humanmedizin studiert und ist Ärztin für klinische Pharmakologie in Frankfurt geworden. 1997 habilitierte sie sich dort und wurde Direktorin des Philipp-Klee Institutes für klinische Pharmakologie am HELIOS Klinikum Wuppertal. 1998 ist sie auf den Lehrstuhl für klinische Pharmakologie an der Universität Witten Herdecke berufen worden. Erwähnenswert ist außerdem in unserem heutigen Kontext, dass Frau Thürmannn Mitglied in der Arzneimittelkommission der Deutschen Ärzteschaft ist, im Sachverständigenrat zur Begutachtung der Entwicklungen im Gesundheitswesen, im Aktionsbündnis Patientensicherheit, in der Deutschen Gesellschaft für geschlechtsspezifische Medizin, im wissenschaftlichen Beirat des Institut für Arzneimittel und Medizinprodukte sowie vom IQWiG, dem Institut für Qualität und Wirtschaftlichkeit im Gesundheitswesen.

Rike Schulz ist Diplompädagogin und Mitarbeiterin im feministischen Frauengesundheitszentrum Berlin. Dort macht sie Beratung, sie hält Vorträge und Seminare zu Frauengesundheitsthemen. Besonders interessant für die heutige Diskussion ist ihre Arbeit mit erwerbslosen Frauen und in der Weiterbildung für Mitarbeiterinnen in Berliner Jobcentren. Schwerpunkte ihrer Arbeit sind sexualisierte Gewalt, Essstörungen, Ängste, Stimmungsschwankungen und Depressionen. Außerdem ist Rike Schulz Wendo-Trainerin und systemische Therapeutin. Sie hat ein Buch herausgegeben: „Gene mene muh und raus musst du. Von der Rassenhygiene zu den Gen- und Reproduktionstechnologien".

Das leitet gleich über zu *Erika Feyerabend*, die letzte hier in der Runde. Sie ist Sozialwissenschaftlerin, arbeitet als freie Journalistin und ist sehr bekannt in den biopolitischen Diskursen. *Bioskop* ist vielleicht für manche ein Begriff, das Forum zur Beobachtung der Biowissenschaften, in dem sie mitarbeitet, ebenso wie im wissenschaftlichen Beirat der bundesweiten Hospizorganisation *Omega*. Die Schwerpunkte ihrer Arbeit liegen in der Genetik und Pränataldiagnostik, Organtransplantation und palliativen Betreuung.

Ulrike Hauffe: „Wir haben gestern von Iris Hauth gehört, wie stark sich psychische Erkrankungen, zumindest im Niederschlag der Diagnosen, vermehrt zu haben scheinen. Wir haben gehört, wie stark der Rentenzugang aufgrund einer psychischen Diagnose zugenommen hat. Wir wissen, dass Arbeitsunfähigkeitsbescheinigungen viel stärker als sonst mit einer psychiatrischen oder psychologischen Diagnose belegt sind. Ich kann jeden Tag im Medienspiegel zwei oder drei Artikel lesen, die besagen: Deutschland ist psychisch krank. Erika Feyerabend, als Journalistin frage ich Sie: Was ist dran an diesen Meldungen?"

Erika Feyerabend: „Wenn ich jetzt als Journalistin angesprochen werde, dann sehe ich in den Medien einen veränderten Diskurs über das, was man seelische Gesundheit oder Krankheit nennt. Erweiternd würde ich sogar sagen, es handelt sich ganz grundsätzlich um einen veränderten Diskurs über ‚Gesundheit', ‚Krankheit' und die Aufgaben der Medizin. Daran haben die Medienschaffenden einen erheblichen Anteil. Bestes und aktuelles Beispiel ist die öffentliche Präsentation von ‚Social Freezing', über das wir während des Kongresses im Kontext von Selbstoptimierung gesprochen haben. Die Wochenzeitschrift *Die Zeit* machte neulich dazu eine Umfrage, deren Ergebnisse im Internet und in vielen Zeitungen multipliziert wurden. Am nächsten Tag beschäftigten sich sowohl der Presseclub der *ARD* als auch die Talkrunde von Günther Jauch mit berufenen Opinionleadern und einem Klinikdirektor mit dem Thema. Wir können hier vor allem beobachten, wie selbstreferentiell das Mediensystem ist. ‚Real' ist die Nachfrage und Inanspruchnahme dieses neuen Dienstleistungsangebotes marginal. Durch die Medien ist es aber ein Thema geworden, über das wir nachdenken, was uns entweder beunruhigt oder attraktiv erscheint. Meistens wird dabei über die (Un-)Vereinbarkeit von Kindern, Beruf und Karriere gesprochen und darüber, ob ‚naturhafte' Abläufe über den Haufen geworfen werden dürften. Davon, dass private Reproduktionskliniken und Praxen ihre Angebotspalette und Gewinnmargen erweitern, ist meist nicht die Rede. Und auch nicht davon, ob es Aufgabe der Medizin sein sollte, Lebensstile und Biografien zu gestalten. Fazit also: Die Realität der Massenmedien und ihre Problembeschreibungen stimmen nicht zwingend mit der Realität der medizinischen Institutionen und – in diesem Fall – der Bedarfe und Bedürfnisse von Frauen im reproduktiven Alter überein. Das gilt auch für das Phänomen psychischer Erkrankungen. Am Beispiel Demenz lässt sich ein weiterer Effekt der Berichterstattungen andeuten: Das ärztliche Verschreibungsverhalten und auch Forschungsziele verändern sich. Die Chance, Drittmittel für die Forschung zu bekommen, ist auch daran orientiert, was sich vor dem Publikum, der Öffentlichkeit, politisch legitimieren lässt. Auch Ärzte und Ärztinnen sind ganz normale Teilnehmer/innen dieser Gesellschaft und davon beeinflusst, wie und wie sehr über Krankheiten öffentlich gesprochen wird. Cornelia Stolze hat das in ihrem Buch ‚Vergiss Alzheimer' sehr schön aufgezeigt. Diese Diagnose wird heute allzu schnell bei alten Menschen gestellt, deren Vergesslichkeit durchaus andere, weniger im Licht der Öffentlichkeit stehende Ursachen haben kann – zum Beispiel Wechselwirkungen verschiedenster Medikamente, die alten Menschen zu Hauf verschrieben werden. Fazit: Es geht nicht allein um empirisch nachweisbare Fakten. Krankheiten sind auch Produkte medialer Diskurse, die ganz konkret ihren Niederschlag finden im ärztlichen Verhalten, in der Forschungspolitik und Forschungslandschaft, im

Anspruchsverhalten der Patienten und Patientinnen. Auch wie ich selbst mein Leiden an dieser Gesellschaft – konkret beispielsweise an meinen Arbeitsbedingungen, überfordernden Leistungserwartungen, geschlechtlicher Arbeitsteilung usw. – empfinde und zur Sprache bringen kann, ist davon beeinflusst. Wenn ich viel von Burn-out, Depression und Überlastung höre, dann kann ich auch in dieser Sprache meine sozialen Probleme zum Ausdruck bringen. Das hat einerseits etwas ‚Befreiendes'. In der Terminologie von ‚Krankheit' oder ‚Anpassungsstörung' bin ich nicht mehr alleine auf der Welt. Andererseits erweitert genau das die Autorität einer Medizin, die schon seit längerem dabei ist, das was ich bin, an was ich leide, zu medikalisieren und zu individualisieren."

Ulrike Hauffe: „Ich würde gerne einen Punkt herausgreifen. In den Medien wird ja nicht ohne Anlass und Hintergrund über Krankheiten und deren Häufigkeiten geschrieben. Es gibt Daten verschiedenster Güte und aus unterschiedlichen Quellen, die im gerade beschriebenen Schneeballsystem über die gesamte Medienlandschaft verbreitet werden. Ich frage Dagmar Hertle: Wo kommen die Daten her?"

Dagmar Hertle: „Die Krankenkassen veröffentlichen in ihren jährlichen Gesundheits- und Arzneimittelreporten Daten über ihre Versicherten. Alle Krankenkassen machen das, von der Techniker Krankenkasse bis zur AOK. Das sind Routinedaten der Krankenkassen. In den letzten Jahren waren irgendwann auch psychische Erkrankungen ein Schwerpunktthema dieser Gesundheitsreporte. Ausgewertet werden vor allem die AU-Daten – also Arbeitsunfähigkeit – und die Diagnosen, die zur Krankschreibung führten. Im Rahmen von Qualitätssicherungsprojekten und Studien können die Krankenkassen auch Abrechnungsdiagnosen auswerten.

Wie oft wurde die ambulante Diagnose ‚F' (psychische Erkrankung) gestellt, in Bezug auf Hausärzte oder Fachärzte? Wie viele Versicherte sind deswegen krankgeschrieben worden? Die Kassen können das aufschlüsseln nach Alter und Geschlecht, können Vergleiche zu den Vorjahren ziehen und auch für den stationären Bereich solche Analysen machen. Für die Psychiatrien ist das nicht so einfach, weil es dort noch keine Fallpauschalen gibt. Die besten Analysen gibt es über diese Fallpauschalen, also das DRG-System (das diagnosebezogene Abrechnungsverfahren) in den Krankenhäusern mit ICD-Code und OPS-Verschlüsselung. Letzteres sind sogenannte Prozeduren. Das heißt: Wenn im Rahmen einer Diagnose bestimmte Maßnahmen ergriffen werden – Operationen oder andere Behandlungen – rechnen die Krankenhäuser mit den Krankenkassen die Kosten ab, die sich aus der Kombination von Haupt- und Nebendiagnosen sowie den Prozeduren ergeben. Diese Daten stehen den Krankenkassen zu Verfügung. Frau Hauth hat gestern zum Teil solche Daten vorgestellt, die gestiegenen AU-Zeiten und Rentenzugänge aufgrund psychischer Erkrankungen. Solche Daten werden veröffentlicht und daraus wird geschlossen, dass Deutschland psychisch immer kränker wird. Weil Psychotherapien genehmigungspflichtige Leistungen sind, die bei den Krankenkassen beantragt werden müssen, können im Bereich psychischer Erkrankungen auch diese Daten ausgewertet werden; ebenso Arzneimitteldaten, also auch Mengenverordnungen von Psychopharmaka. Diese Verordnungen sind ebenfalls angestiegen, neben den Krankschreibungen, Berentungszeiten und Krankenhausaufenthalten mit der ‚F'-Diagnose. Daraus wird eben die Meldung: Deutschland wird immer kränker."

Anke Rohde: „Ich würde das gerne ergänzen. Natürlich haben Sie recht mit den Krankenkassendaten. Aber es ist manchmal gar nicht einfach sich mit den Diagnosen zurecht zu finden. Zum Beispiel: Wenn ich ein bestimmtes Medikament geben möchte, muss ich die passende Diagnose stellen, um nicht ‚Off-Label' zu sein. Das heißt: Ich gebe ein Antidepressivum, weil die Patientin Schlafstörungen hat und ich ihr keine Schlafmittel geben möchte. Es kann sein, dass der Hausarzt deshalb eine ‚F 3' Diagnose stellt, weil er nicht ‚Off-Label' sein möchte, also ein Medikament für eine nicht zugelassene Indikation zu verschreiben. Auf sicherem Boden bewegt sich der Hausarzt, wenn er ein Antidepressivum für eine Depression und nicht für Schlafstörungen verordnet. Insofern denken Hausärzte und niedergelassene Psychiater natürlich auch an die Abrechnung. Es gibt noch eine andere Quelle, und das sind epidemiologische Daten aus entsprechenden Studien; das sind Bevölkerungsstichproben, die nicht nur in Deutschland sondern weltweit erhoben werden. Der größte Teil der Menschen, die dort nach einem ganz bestimmten Kriterienkatalog diagnostiziert werden, ist überhaupt nicht in Behandlung und taucht bei den erwähnten Krankenkassen-Auswertungen gar nicht auf. Deshalb würde ich die Aussage, es wird medikalisiert, hinterfragen. In manchen Fällen mag das stimmen. Ich sehe aber in meiner Praxis die betroffenen Frauen. Keine Frau bezeichnet sich freiwillig als depressiv, denn das ist immer noch ein Stigma. Meine Patientinnen mit postpartalen Depressionen oder anderen Leiden wollen nicht depressiv sein. Sie warten zum Teil Wochen, Monate und manchmal Jahre, bis sie sich in Behandlung begeben. Sie denken immer noch: Es ist mein Versagen. Ich bin nicht depressiv, ich kann damit nicht an die Öffentlichkeit gehen, sondern ich muss nur etwas anders machen – selbst wenn sie klar alle Kriterien erfüllen und eine Behandlung brauchen. Das Label Burn-out wird sicher oft statt Depression benutzt, aber nicht umgekehrt. Ein anderes Beispiel dafür, dass die sogenannte

Medikalisierung nicht ganz richtig ist, sehen wir bei der schweren prämenstruellen dysphorischen Störung (PMS). Die psychischen Symptome machen die Frauen arbeitsunfähig, es kommt zu erheblichen Partnerschaftsproblemen, die manchmal bis zu körperlichen Auseinandersetzungen führen. Als vor Jahren die Kriterien für PMS in DMS 3 eingeführt wurden, mit dem Zusatz, hier bedürfe es noch weiterer Forschung, da wurde gesagt: Das ist eine Medikalisierung von Frauenproblemen. Alle Frauen haben das Recht, sich prämenstruell schlecht zu fühlen. Wir stigmatisieren die Frauen mit einer PMS- oder PMDD-Diagnose der schwereren Form. Die epidemiologischen Studien, also ohne Behandlungsdaten, haben gezeigt, etwa fünf oder vielleicht sogar acht Prozent aller Frauen leiden wirklich unter einer schweren Form. Sie ist so ausgeprägt, dass die Frauen manchmal sogar suizidal sind, dass die Ehen kaputt gehen, dass die Türen eingeschlagen werden, dass sie ihre Kinder schlagen. Wenn man mit solchen

Frauen zu tun hatte, gesehen hat, unter welchem Druck sie stehen und wie glücklich sie sind, wenn sie behandelt werden und ein entsprechendes Medikament bekommen, dann kann man die Diskussion über die Medikalisierung nicht verstehen. Das war anfangs in Amerika eine ganz große gesellschaftliche Diskussion. In der Zwischenzeit ist die Erkrankung akzeptiert. Ich denke wir müssen einen Mittelweg finden. Dass die Daten nicht wahr sind und die meisten Menschen gar nicht depressiv sind, das sehe ich nicht so. Ich glaube es ist eher umgekehrt. Und erst langsam traut man sich an die Öffentlichkeit. Fälle wie die vom Fußballspieler Robert Henke, der sich suizidiert hat, ermutigen dazu. Das ist eine positive Entwicklung."

Petra Thürmann: „Je größer dieser Datenwust ist, den wir uns anschauen, sehen wir an einer Stelle vielleicht eine Überversorgung, an anderer Stelle können wir aber auch Lücken, dramatische Unterversorgungen von Patienten ausmachen. Ein Extrembeispiel: stellen Sie sich eine Patientin mit Alzheimer im Altenheim vor. Sie bekommt drei oder vier Neuroleptika und noch ein Beruhigungsmittel, damit sie wirklich ganz ruhig ist. Aber ihre Schmerzen, wegen denen sie nämlich unruhig ist, werden gar nicht behandelt."

Anke Rohde: „Eine kleine Zwischenbemerkung. Gerade diese Demenzpatienten, die ganz häufig auch depressiv sind, die alt werdenden Menschen, tragen auch zur Zunahme der Depressionsdiagnosen bei."

Petra Thürmann: „Gerade in den Altenheimen werden Antidepressiva nur selten verordnet – und wenn, dann nur zum Schlafen. Wir haben es aber auch noch mit Bereichen zu tun, die wir gar nicht messen können. Das ist zum Beispiel die Langzeitverordnung von sogenannten Benzodiazepinen, das sind Valium und ähnliche Beruhigungsmittel, die im hausärztlichen Bereich verordnet werden, auf Privatrezepten, die sich jeglicher Abrechnung entziehen. Eine Fachärztin hat einen ganz anderen Blick darauf, weil zu ihr eher die Menschen kommen, die schon in Richtung Psychiatrie gelenkt sind. Wir wissen, dass es ein bis zwei Millionen älterer Damen in Deutschland gibt, die langzeitmäßig unter Benzodiazepinen stehen. Benzodiazepine verschlechtern auf lange Sicht das Denkvermögen, fördern die Entstehung einer Demenz und führen zu Stürzen. Eine ältere alleinstehende Dame, die stürzt und mit einer Oberschenkelhalsfraktur ins Krankenhaus kommt, kommt wahrscheinlich nicht alleine mehr in die Häuslichkeit zurück sondern ins Altenheim. Es steckt viel Explosionsstoff hinter den Daten, die wir gar nicht haben. Wir sitzen einerseits auf einem Datenberg, auf dem wir aber viele Dinge gar nicht sehen."

Ulrike Hauffe: „Wir haben erfahren, woher die Daten kommen, die medial verarbeitet werden. Wir haben festgestellt, dass es selbstverständlich erkrankte Frauen gibt und die glücklicherweise therapiert werden. Wir sehen, dass sich das Verordnungsverhalten verschiebt. Wie sehen Sie als Psychotherapeutin, Frau Schulz, die Situation in Bezug auf die Erkrankungsraten von Frauen?"

Rike Schulz: „Ich spreche jetzt erst einmal als Mitarbeiterin des Feministischen Frauengesundheitszentrums (FFGZ) zum Thema Medikalisierung. Das FFGZ hat besonders Zugang zu erwerbslosen Frauen, zu Frauen, die arm sind und sozial-ökonomisch schlechter dastehen. Wir gehen in die sozialen Brennpunkte, machen Schulungen mit Patientinnen, gehen in Migrantinnen-Projekte. Diese Frauen kommen nicht selbst in die Beratungsstellen. Dort nehmen alle Frauen Medikamente. Oftmals wissen sie nicht, ob es Benzodiazepin ist, ein Neuroleptikum oder Antidepressivum. Die Aussage, dass sich Frauen nicht gerne selbst als depressiv bezeichnen, kann ich überhaupt nicht unterschreiben. In meinen Kursen für erwerbslose Frauen sind depressive Beschwerden und Depressionen das Thema Nr. 1. Die Frauen sind sehr belastet. Anstatt ihre Lebenssituation zum Thema zu machen, die strukturelle Gewalt, die Erfahrung von Abwertung und die Arbeitsverhältnisse, individualisieren alle diese Probleme. Sie sprechen von Depressionen und gehen in einen Prozess der Selbstentwertung. Mein Ansatz ist ein salutogenetischer. Wir alle sind nicht ganz gesund, keine ist ganz krank, meistens bewegen wir uns irgendwo dazwischen. Mein Stichwort an dieser Stelle ist ‚Gender Bias', also die Verzerrungseffekte aufgrund des Merkmals Geschlecht. Frauen haben eine unglaublich hohe Schuldbereitschaft. Sie denken: Ich schaffe es nicht. Ich habe versagt. Ärzte und auch Ärztinnen, denen sie gegenübersitzen, haben auch diesen Verzerrungseffekt im Kopf. Eine Frau weint, eine Frau schläft schlecht: F-Diagnose, Antidepressivum. Ihre Ausgangsfrage: Ist Deutschland psychisch krank? Ich sage, die Menschen sind erschöpft, und es geht nicht darum, die Diagnose Depression zu stellen. Die erwähnten Krankenkassendaten sind Diagnose-Daten. Das ist die falsche Ausgangsbasis, denn die Diagnosen werden oftmals falsch gestellt. Ich verteufele Medikamente keineswegs. Ich sage den Frauen: Lasst Euch die Diagnosen nicht schnell aufdrücken, aber verharmlost bitte auch nicht, wie es Euch geht. Depressionen sind ernst zu nehmen und es ist eine ganz heftige Erkrankung."

Ulrike Hauffe: „Die größte Gruppe von psychisch Erkrankten sind nach den Gesundheitsreporten die Arbeitslosen, vor allem die Langzeitarbeitslosen. Danach rangieren übrigens die Sozialberufe, einschließlich der Seelsorger und Seelsorgerinnen. Als dritte

Berufsgruppe werden die Verkehrs-, Lager- und Metallberufe gelistet, typische Männerberufe also. Dann kommen die geisteswissenschaftlich Tätigen und an fünfter Stelle die Gesundheitsberufe. Erst dann taucht in dieser Skala die kaufmännische Branche auf. Was können Sie, Frau Feyerabend, daraus schlussfolgern?"

Erika Feyerabend: „Die Frage ist sehr allgemein und sicher nicht mit Hinweis auf einen zentralen, krankmachenden Faktor zu beantworten. Zuvor möchte ich aber noch kurz etwas anmerken zu den vorhergehenden Beiträgen. Ich bin davon überzeugt, dass es behandlungsbedürftige depressive Menschen gibt. Das ist gar keine Frage. Ich bezweifele allerdings, dass sich in den Diagnosen nur das abbildet. In einer neueren Bielefelder Studie über die Lebenssituation von Frauen mit Behinderungen, die in Einrichtungen leben, ist zu lesen: 88 Prozent dieser Frauen bekommen Psychopharmaka. Ich muss keine Epidemiologin oder sonstige Expertin sein, um infrage zu stellen, dass all diese Frauen aus medizinischen Gründen und korrekt gestellten Diagnosen pharmakologisch behandelt werden müssen. Das hat vielfältige, andere Gründe. Einer davon führt in die Arbeitswelt und hat mit der Personalknappheit in den Betreuungseinrichtungen zu tun. So können Menschen allein durch medizinische Autorität ruhig gestellt werden – ohne richterlichen Beschluss, wie es bei den Fixierungen der Fall ist. Ähnliches ist in den Altenheimen anzutreffen – Medikation als pflegerationierende Maßnahme. Wir haben das in diesem Gespräch schon thematisiert. Bei den ganzen Zahlen und Daten ist es wichtig zu schauen: Wer spricht da? Was ist die Ausgangsbasis? Ich denke, in diesen Zahlen sind die sozialen Krisen, auch der Arbeitswelt, eingeschrieben und zwar auf verschiedenen Ebenen. Eine Ebene ist Personalmangel, der umgelenkt wird in betreuungserleichternde Medikalisierung der Klientinnen. Eine weitere, damit verbundene und gerade bei den helfenden Berufen beheimatete Ebene: Es entsteht eine Diskrepanz zwischen berufsethischem Anspruch und institutioneller Wirklichkeit, die einen sehr hohen Leidensdruck bei den Arbeitnehmerinnen erzeugt. Das wird dann als Burn-out oder Depression bezeichnet oder auch persönlich erlebt. Überkommene Hierarchien – wie in Krankenhäusern, die z. T. fast feudal, auf jeden Fall aber patriarchal anmuten – stehen im Widerspruch zum allgegenwärtigen Anspruch, selbstbestimmt zu leben und zu arbeiten. Auch das kann Dissonanzen hervorbringen, die in psychische Konflikte führen. Ebenso wie neue Führungsstile, die die Verantwortung für das Erreichen eines Projektzieles allein den Individuen oder dem Team zuschieben. Wer in viel zu kurzer Zeit in einer sogenannt ‚flachen Hierarchie' eine Aufgabe bewältigen soll, die man im Leben nicht schaffen kann, kann davon krank werden. Befristete Arbeitsverhältnisse mit unsicherer Zukunftsperspektive stressen. Schlechte Entlohnung und mangelnde gesellschaftliche Anerkennung, weil diese sich über Leistung und Arbeit vermittelt, macht besonders Langzeiterwerbslose mutlos. Und auch das steckt in Diagnosen und wurde gestern von Frau Hauth benannt: Wenn ich im Alter von fünfzig Jahren arbeitslos werde, keine Berufsperspektive vor mir sehe, möglicherweise noch eine Privatinsolvenz anmelden musste, bekomme ich eine Reha-Maßnahme, verbunden mit einer neuen beruflichen Orientierung, nur, wenn ich einen Krankheitswert vorweisen kann. Traurig zu sein und sich überflüssig zu fühlen reicht nicht aus. Erst mit einer Diagnose, beispielsweise Depression, kann ich die Leistungsanspruchsvoraussetzungen erfüllen. All das sind keine medizinischen sondern soziale Faktoren."

Dagmar Hertle: „Ich möchte noch einmal auf die Datenlage zurückkommen. Sicher werden viele Diagnosen richtig gestellt und passende Therapien verordnet. Trotzdem stelle ich mir die Frage nach der Datenqualität. Gestern hat Frau Hauth die epidemiologischen Daten aus dem Gesundheitssurvey den administrativen Daten der Krankenkassen gegenübergestellt. Bei den Gesundheitssurveys war die Häufigkeit psychischer Erkrankungen in den letzten zehn Jahren ungefähr gleich geblieben. Bei den administrativen Daten der Krankenkassen – also den Diagnosen und Arbeitsunfähigkeiten – sehen wir hingegen fast eine Verdoppelung. Ich möchte auf solche Phänomene einfach mal hinweisen. Auch die Kodierqualität ist nicht immer zuverlässig. Zum Beispiel kann man nachweisen, dass die Hälfte der Depressionsdiagnosen mit dem Zusatz ‚09' (Depressive Episode, nicht näher bezeichnet) verschlüsselt werden. Hat da jemand eine genaue Diagnose nach ICD gestellt? Ist das eine Verlegenheitsdiagnose, weil Hausärzte oder Hausärztinnen eine Diagnose brauchen, um eine AU aussprechen oder eine Psychotherapie beantragen zu können oder um ihre Beratungsleistung finanziert zu bekommen? Viele Kolleginnen sagen ganz offen: Ich muss da was reinschreiben, sonst kann ich nichts abrechnen. Das sind Abrechnungsdaten und die dienen einem Zweck, nämlich der Abrechnung. Interessant ist es auch, solche Abrechnungsdaten mit Qualitätssicherungsdaten zu vergleichen. Da kann man das Phänomen feststellen, dass es bei ersteren beispielsweise viele postoperative Infektionen gibt. Denn bei mehr Komplikationen bekommt das Krankenhaus mehr Geld. Bei den Qualitätssicherungsdaten wollen alle gut sein, und die Rate der angegebenen Komplikationen ist sehr gering. Ein weiteres Phänomen: Wenn Blutdruck ein Qualitätssicherungsmerkmal ist und der Normalwert bei 140 zu 80 definiert ist, dann gibt es jede Menge ‚just below'-Werte, also 139 zu 79, aber fast keine ‚just above'-Werte. Gerade bei psychischen Diagnosen gibt es keine Laborwerte und die Grauzone ist sehr dehnbar – je nachdem, welche Leistungen damit verknüpft sind und was die Patientin braucht. Das kann durchaus auch in ihrem Sinne ausgelegt werden. Ich möchte nur das Phänomen aufzeigen und die Möglichkeit, dass es sich hier zum Teil um Artefakte handelt."

Anke Rohde: „Ich möchte gerne noch auf die Frage nach der Arbeitswelt und den gesellschaftlichen Einflüssen eingehen. Wir haben noch nicht darauf hingewiesen, dass es zwei Arten von Depressionen gibt. Die Depressionen, die wir früher endogen genannt haben und in dem Bereich schizophrene Psychosen, Manien liegen, wo es eine biologische Empfindlichkeit, Vulnerabilität gibt und die so etwas Schicksalhaftes sind. Die epidemiologischen Studien zeigen, soweit ich das verstanden habe, dass diese Art von Depressionen gar nicht zunimmt. Was aber zunimmt, sind die ‚reaktiven' Depressionen. Da sind wir bei den Arbeitslosen, bei den Migrantinnen usw. Auch da vergeben wir ‚F'-Diagnosen, ‚F 43', worunter Anpassungsstörungen bei normalen Lebensereignissen verstanden werden. Es könnte aber auch sein, dass die erwartete Anpassungsleistung viel zu hoch ist. Diese Art von Depressionen findet man bei sozialen Krisensituationen, bei Partnerschaftsproblemen, nach onkologischen Erkrankungen, bei Arbeitslosigkeit, bei Migrantinnen mit unklarem Aufenthaltsstatus. Diese Depressionen haben viel mit gesellschaftlichen Belangen zu tun. Hier würde man eigentlich sagen: Entweder müssen die Lebensverhältnisse geändert oder die Belastungen reduziert werden. Hier möchte man eher eine Psychotherapie anraten, um mit den Lebenskrisen besser umgehen zu können und kein Antidepressivum. Aber auch da hilft manchmal ein Antidepressivum, um die Frauen überhaupt erst einmal psychotherapiefähig zu machen. Ich möchte an dieser Stelle Zahlen des epidemiologischen Forschers Prof. Wittichen zitieren: Nur zwei Prozent aller Menschen mit Depressionen bekommen tatsächlich eine Psychotherapie. Etwa fünfzig Prozent haben überhaupt Kontakt mit dem professionellen Versorgungssystem. Die Psychotherapie ist ein riesiges Defizit. Bei alten Menschen mit Demenzen oder bei Menschen mit Behinderungen gibt es überhaupt keine Psychotherapeuten. Da fehlen die Versorgungsstrukturen."

Ulrike Hauffe: „Frau Rohde hat an anderer Stelle gesagt, das Gesundheitssystem wird eingeschaltet, um Lebensbedingungen aushaltbar zu machen. Frau Hauth hat gestern die große Gruppe der 18- bis 34-Jährigen hervorgehoben, die den höchsten Anteil an Diagnosen erfahren, darunter besonders jene mit niedrigem sozio-ökonomischen Status. Frau Schulz, wird Ihrer Wahrnehmung nach das Gesundheitswesen eingeschaltet, um Lebensbedingungen aushaltbar zu machen?"

Rike Schulz: „Ja, und ich würde schon von einer Medikalisierung sprechen, um Lebensbedingungen aushaltbar zu machen. Das führt nicht dazu, dass die Frauen ihren eigenen, selbstbestimmten Weg finden. Die reaktiven Depressionen haben sehr viel mit ihren Lebenssituationen zu tun. Die Antidepressiva sind wirksam bei endogenen Depressionen. Bei reaktiven Depressionen helfen meiner Wahrnehmung nach eher Selbsthilfe, Wendo-Training, Psychotherapien, damit die Frauen erkennen: Wie kann ich mich besser abgrenzen? Wie kann ich besser ‚Nein' sagen? Das hilft oft, um Gefühls- und Verhaltensstrukturen zu ändern und nicht mehr so erschöpft zu sein. Je leichter die Depression ist, desto stärker ist der Placebo-Effekt. Je stärker der Gehirnstoffwechsel tatsächlich gestört ist, desto stärker wirkt ein Antidepressivum. Bei leichten Depressionen sollte es gar nicht gegeben werden. Meine Erfahrung ist aber, dass gerade Frauen in leichten Depressionen Antidepressiva verschrieben bekommen. Hier möchte ich eine Lanze brechen für die ‚Z'-Diagnosen. Das sind

Schicksalsschläge, der Tod eines Angehörigen, der Verlust eines Arbeitsplatzes oder Mobbing. Eine Ärztin könnte mit dieser Kategorie alles Mögliche verschreiben, ohne den Frauen das Defizit ‚psychische Erkrankung' zuzuschreiben. Sie könnte sagen, ‚Ja, ich mache diese Frau stark für die Krise', statt ‚Du hast eine Depression.'"

Ulrike Hauffe: „Ich würde gerne Frau Thürmann noch etwas dazu sagen lassen. Sie forscht ja dazu, was von wem und wann verschrieben wird."

Petra Thürmann: „Erstens möchte ich Frau Schulz voll und ganz zustimmen: Antidepressiva haben einen sehr hohen Placebo-Effekt. Wenn wir klinische Studien machen mit mehreren hundert Patientinnen, die Hälfte davon eine Zuckerpille bekommt, dann sehen wir häufig kaum einen signifikanten Unterschied. Wenn sich dazu noch das Umfeld verbessert, geht es den Patienten und Patientinnen meist besser, unabhängig davon, was sie zu sich genommen haben. Wir sehen lediglich bei den schweren Depressionen einen guten, eigentlichen pharmakologischen Effekt. Die Zuwendung einer Ärztin, der Familie, der Glaube an ‚Ich nehme etwas ein, das wirkt und das hilft mir' wirkt heilend oder selbstheilend. Zweitens: Die Mehrzahl der Antidepressiva, die in Deutschland in Tonnen verordnet werden, sind nicht in psychiatrischen Ambulanzen verschrieben worden, auch nicht in Weiterführung einer von einem Psychiater oder einer Psychiaterin gestellten Therapie. Die Mehrzahl der Pillen kommt aus dem hausärztlichen, internistischen, gynäkologischen, urologischen Bereich. Diese Verordnungen basieren nicht auf einer sehr tiefgreifenden psychiatrischen Diagnostik. Deswegen denke ich, dass wir es wirklich mit der Medikalisierung zu tun haben. Und noch etwas möchte ich erwähnen: Gehen Sie doch mal auf irgendeinen Gynäkologen-, Rheumatologen- (Rheumatologen verordnen auch viele Psychopharmaka wegen den Schmerzen), Internisten- oder Hausärztekongress und schauen sich die Industriestände an. Entschuldigung, aber da graust es der Frau. Es wird Ihnen suggeriert: ‚Verordnen Sie unser neues *Make-me-happy*, dann haben Sie das Beste getan', und das wollen wir doch alle. Wir müssen ganz ehrlich sein, so etwas wirkt subkutan, trotz Ehrenkodex und der Überzeugung ‚Ich lasse mich auch durch den Kugelschreiber nicht manipulieren.' Wir sehen, wie das funktioniert, egal, ob in der Psychiatrie oder in der Herz-Kreislauf-Abteilung. Wenn Meinungsbildner sich hinstellen und sagen, bei dieser Diagnose verordnen wir an unserer Universität immer dies oder das, dann landet das am Schluss auch auf der letzten Wiese. Der eigentliche Gewinner ist am Ende tatsächlich die Industrie, die Psychopharmaka verkauft."

Anke Rohde: „Ich habe gerade gedacht: Was ist so schlimm daran, wenn ein Schmerztherapeut ein Antidepressivum einsetzt, von dem man weiß, dass es auf Schmerzen wirkt? Ich bin froh, dass die Hausärzte auch Verantwortung für Depressionen übernehmen, weil wir von der psychiatrischen Seite eine deutliche Unterversorgung haben. Wir können heilfroh sein, dass wir diese Medikamente heute haben. Ich möchte noch eine kleine Nebenbemerkung zu den 18- bis 24-Jährigen machen. Wir dürfen nicht so Diagnosen wie Borderline-Störungen vergessen, die ganz viele junge Frauen haben. Wir dürfen nicht die Traumatisierungen vergessen, die auch ganz viele Frauen haben. Das sind Diagnosen, die es vor zwanzig oder dreißig Jahren überhaupt nicht gab. Insofern erklärt auch das etwas den angestiegenen Medikamentengebrauch, denn diese jungen Frauen mit Borderline-Problematik nehmen oft zwei oder drei Medikamente. Versuchen Sie mal, denen eines wegzunehmen. Die Frauen sagen: Das kann ich nicht aushalten, dann fange ich wieder an mich zu ritzen. Es ist nicht immer ganz einfach und eindimensional."

Ulrike Hauffe: „Ich glaube auch nicht, dass wir gerade eindimensional reden. Die Kritik von Frau Thürmann bezieht sich nicht auf Medikamentengabe bei schweren Störungen, sondern auf einen irrationalen Sog des Verschreibens, weil etwas in Mode ist, beworben und zu wenig informiert wird. Das Verschreibungsverhalten ist dann – um es mit den schönen Worten von Frau Mühlhauser zu sagen – eher eminenzbasiert statt evidenzbasiert."

Erika Feyerabend: „Ich möchte die Kritik verstärken. Die Pharmaindustrie ist ein sehr großer Player im Gesundheitswesen. Es ist sehr löblich, dass auch die Arzneimittelkommission der Deutschen Ärzteschaft die Verhältnisse transparenter und weniger korrupt machen möchte. Dieser Player beeinflusst die Fortbildungsinhalte der Ärztinnen erheblich, ebenso ihr Verhalten in der Arztpraxis. Es gibt in diesem Gebiet ausgeklügelte und sehr intransparente Methoden der Steuerung – über Pharmareferenten, über Computerprogramme, und seit einigen Jahren zunehmend auch über Patientenorganisationen. Letztere werden heute auf nationaler sowie besonders auch auf europäischer Ebene massiv von Pharmaunternehmen finanziert. Der Anspruch auf neue und auf mehr Pharmaka, auf erleichterten Zugang zu Medikamenten und auf pharmakologische Studienreihen erscheint dann als ‚Patientenwille', dem alle – in diesem Fall widerspruchsfrei – zu dienen hätten. Es gibt glücklicherweise zunehmend auch Gegenbewegungen. Viele meinen allerdings immer noch, nur die Kollegen und Kolleginnen, nicht aber sie selbst, und nur wenige Patientenorganisationen ließen sich beeinflussen. Hier herrscht ja auch kein Zwang, sondern die ‚Chance', das ‚freiwillige' Mitmachen. Ich denke, das mindeste, was hier erreicht werden muss, ist Transparenz in diesen Einflusssphären. Im Übrigen bin ich der Meinung, dass wir es im Bereich der psychischen Erkrankungen eher mit einer pharmakologischen Überversorgung und einer grandiosen Unterversorgung mit niedrigschwelligen Angeboten und Frauenberatungsstellen zu tun haben."

Ulrike Hauffe: „Wir bewegen uns ja nicht auf dem Niveau vom Entweder-oder. Wir wissen, an welcher Stelle Psychotherapie eine wichtige Rolle spielt, wir wissen, wann eine Pharmakotherapie hilfreich ist. Wir wissen auch, Frau Rohde hat es eben angedeutet, dass es große Wartelisten für psychotherapeutische Praxen gibt. Wie schätzen Sie, Frau Schulz, die Rolle der Psychotherapie in der derzeitigen Versorgungslandschaft ein?"

Rike Schulz: „In Berlin warten traumatisierte Frauen, Frauen mit Gewalterfahrungen, zum Teil ein halbes Jahr und länger auf einen Therapieplatz. In Berlin sind wir noch gut dran. Es gibt Antigewaltprojekte und Beratungsstellen wie die Kölnerinnen von FrauenLeben sie heute vorgestellt haben. Ich glaube, dort gibt es fünf Beratungstermine, in schweren Fällen kann das auch mal verlängert werden. Ich ermutige die Frauen: Lasst euch auf die Warteliste für die Psychotherapie setzen. Nehmt aber dennoch nicht jede Therapeutin. Sonst klappt es nicht. Bezüglich der Medikamente sage ich den Frauen: Das müsst ihr entscheiden. Aber bei leichten Depressionen ist der Placebo-Effekt immens. Es geht eher darum, mehr Empathie mit sich selbst zu erlernen, eigene Gefühle zu verstehen. Frauen sind viel mehr mit den geschlechtsspezifischen Außenerwartungen beschäftigt: Welche Wünsche muss ich erfüllen? Welche Erwartungen werden an mich gestellt? Deswegen sind viele erschöpft. Ich versuche als Wendo-Trainerin den Frauen die Angst vor der eigenen Courage zu nehmen, auch die Angst vor eigenen Aggressionen aufgrund von Gewalterfahrungen. Gewalterfahrungen sind ein sehr wichtiges Depressionsrisiko im Leben von Frauen. Wichtig ist doch, den Weg der Aggression in die Auto-Aggression zu verhindern, sprich in die psychische Erkrankung. Wichtig ist doch die Abgrenzung gegenüber den Erwartungen anderer zu üben, um mehr Nähe zu sich selbst zu finden. Also, bei leichten Depressionen die Verbindung zu mir selbst herstellen; bei mittelschweren Depressionen Selbsthilfe und Therapie und vielleicht ein Antidepressivum; bei schweren Depressionen nie allein Medikamente, nur in Kombination mit Selbsthilfe und Therapie. Medikamente können sinnvoll sein, aber zeitbegrenzt, in richtiger Dosis und (vor allem) mit Informiertheit einnehmen."

Ulrike Hauffe: „Es gibt wahrscheinlich nirgendwo eine Stadt, geschweige denn eine ländliche Gegend in Deutschland, die mit Däumchen drehenden Psychotherapeutinnen überversorgt ist. Dennoch ist derzeit in der Gesundheitspolitik das Thema, es gäbe zu viele Praxissitze, nicht nur in der Somatik sondern auch in der Psychotherapie. Interessant – etwas provokativ gesprochen – ist es auch, sich den Atlas Deutschland anzuschauen auf die Frage hin: Wo sind die meisten Menschen in Psychotherapie. Sie im Auditorium bitte ich mal um drei Städte-Tipps. Sie meinen Tübingen, Berlin und Freiburg? Es sind Heidelberg, Freiburg und München. Die einzige Korrelation, die sich hier herstellen lässt, ist die Anzahl der Niederlassungen in diesen Städten. Dort, wo es psychotherapeutische Schulen gibt, machen die angehenden Psychotherapeutinnen eine Zusatzausbildung – und zwar meist im Alter, wo die Familiengründung stattfindet und die Bindung an einen Wohnort. Das erklärt die geballten psychotherapeutischen Angebote in manchen Städten. Man könnte ja denken, die Menschen in Berlin sind eher krank. Oder: Die im Osten sind nach der erwähnten Datenlage besonders gesund. Dort gibt es kaum Angebote. Das kann im Sinne der Geldgeber interpretiert werden: Seht her, da wo das Angebot groß ist, sind alle auf einmal krank. Frau Rohde, was meinen Sie?"

Anke Rohde: „Ich habe keine entsprechenden Daten und kann das Gegenteil nicht beweisen. Ich kann aber gerne zur Verteilung der Psychotherapieangebote insgesamt etwas sagen. Ich habe den Beitrag gestern von Frau Hauth nicht gehört, aber offensichtlich ging es auch um wenige Interventionen, die hilfreich sind, also nicht immer das volle Stundenkontingent einer Richtlinien-Psychotherapie umfassen müssen. Das ist auch unsere Erfahrung und ein Problem der Richtlinien. Die ersten vier oder fünf Gespräche sind in der Regel Probegespräche und meine Kolleginnen sagen, die werden nicht gut bezahlt. Bei leichten Anpassungsproblemen, vielleicht Verlustproblemen, Lebensproblemen eben, reichen diese fünf Gespräche mit kleinen Interventionen oft aus. Die psychotherapeutischen Kolleginnen, die ich kenne sagen: Das würde ich gerne machen. Aber wenn ich eine Therapie beantrage, muss ich erst mal fünf Probegespräche führen, und ich muss zehn oder zwanzig Stunden machen, um mein Geld zu bekommen. Wenn die Krankenkassen fünf bis acht Gespräche antragsfrei genehmigen und besser vergüten würden, dann könnten die vorhandenen Kapazitäten ganz gut und sinnvoll umverteilt werden."

Dagmar Hertle: „So könnte der Präventionsgedanke erweitert und ergänzt werden. Beim neuen Präventionsgesetz müssten wir uns darauf berufen können, dass an dieser Stelle Prävention bezahlt werden sollte, und zwar ohne, dass die Frauen eine Überdiagnose erfahren, also ein schwereres Krankheitsbild verschlüsselt wird. Es ist doch zu bedenken: Das hat Konsequenzen für die Frauen, zum Beispiel, wenn ich später eine Berufsunfähigkeitsversicherung abschließen will. Aus meiner Versicherungsvergangenheit weiß ich, mit einer ‚F'-Diagnose geht da fast gar nichts mehr. Diese Nachteile müssen Frauen neben einer Überdiagnose auch noch hinnehmen. Diesen Gedanken zu verfolgen und einzufordern, wir können auch ohne Diagnose präventive Beratungsgespräche geltend machen gegenüber den Krankenkassen, halte ich für wichtig."

Ulrike Hauffe: „Es ist relativ sicher, dass die systemische Therapie abrechnungsfähig wird und der Gemeinsame Bundesausschuss auch entscheiden wird, Gruppen- und Kurzzeittherapien zu bezahlen. Wir reden hier aber gerade über Beratung, und die ist im Gesundheitswesen – auch auf absehbare Zeit – nicht verortet. Der AKF könnte in dieser Hinsicht Forderungen formulieren. Wir haben heute gehört, wie sich die Kölner Beratungsstelle finanziert. Wie sieht das in anderen Städten aus?"

Antworten aus dem Publikum: „Meine Kolleginnen in der Gewaltberatung haben zwei halbe Stellen über das Land finanziert. Das reicht hinten und vorne nicht. Das FFGZ Frankfurt musste aus internen, aber auch aus finanziellen Gründen schließen. Wir wurden lange vom Land Hessen finanziert. Nach einer politischen Umbruchphase hatten wir primär städtische Mittel. Es gab große Konflikte, weil die Stadt versuchte, nicht nur auf eine projektgebundene Arbeit Einfluss zu nehmen, sondern auf die gesamte Ausrichtung des Vereins. Das führte dazu, dass wir nicht mehr handlungsfähig waren. Ansonsten haben wir mühsam hier und da Projektgelder beantragt – und die Beantragung selbst wird selbstverständlich nicht finanziert."

Ulrike Hauffe: „Frau Schulz und Frau Rohde, ich würde gerne fragen, welche Rolle Beratung für Sie spielen kann?"

Anke Rohde: „Eine ganz wichtige. In der Schwangerenberatung verweisen wir viele Frauen an diese Beratungsstellen, auch bei allgemeinen Lebensproblemen. Auch im Kontext von Gewalt und Traumatisierung würde ich Beratung als niedrigschwellige Ergänzung, verankert im Gesundheitssystem, begrüßen. Und wir in Bonn sind immer froh, wenn es in einer Beratungsstelle muttersprachliche Beraterinnen gibt. Für Migrantinnen gibt es kaum Chancen auf eine muttersprachliche Psychotherapie."

Rike Schulz: „Dem kann ich nur beipflichten. Im FFGZ kann ich leider zu den erschöpfungsbedingten und depressiven Beschwerden, gesundem Schlaf und dem ganzen Feld der Psychogesundheit nicht beraten. Wir haben schlicht zu wenig Geld. Ich kann zu den gynäkologischen Themen beraten und zu gerade genannten anderen Themen nur Seminare geben und Vorträge halten. Ich würde mir sehr wünschen, wenn Hausärztinnen und Gynäkologinnen ihr Gefühl ‚Ich muss helfen' so verstehen und auch wenden könnten, dass sie an Selbsthilfegruppen oder Beratungsstellen weitervermitteln. Es wäre gut, wenn genau das von einer Autorität ausgesprochen wird, die für die Gesundheit zuständig ist."

Ulrike Hauffe: „Wir könnten hier als AKF wunderbar die Forderung aufstellen, dass diese Beratungen finanziert werden sollten – und übrigens könnte so manche Psycho- und Pharmakotherapie verhindert werden. Erika Feyerabend, was hat aus Ihrer Sicht unser Gesundheitswesen und was hat unser Sozialsystem zu leisten?"

Erika Feyerabend: „Ich möchte etwas ganz anderes sagen und provozierend gegen die Beratungs- und Therapiegesellschaft wettern. Wir laufen damit nämlich auch Gefahr, die individuellen und politischen Widerständigkeiten von Frauen durch ‚schöne' Psychotherapie und Beratung zu glätten. Ich fühle da mich wahlverwandtschaftlich beheimatet bei der letzten Referentin, Alice Lagaay. Was meine ich damit? In einer hoch individualisierten, leistungsorientierten und – ständig öffentlich thematisiert und ärztlich diagnostiziert – therapiebedürftigen Gesellschaft, ist folgendes zu erwarten: Zwischen dem konkreten, persönlichen (erschöpften) Selbst und dem ‚unternehmerischen Selbst', das den Arbeitgebern vor allem vorschwebt (allzeit leistungsbereit, flexibel und unter neuen und alten Führungs- und Managementstilen funktionierendes Subjekt zu sein), gibt es offensichtlich Widersprüche. Das ist ein kritisches Moment, über das wir eben gerade nicht nur in psychotherapeutischen und psychiatrischen Kategorien oder Begriffen wie ‚Anpassungsstörungen' nachdenken sollten. In so einer Gesellschaft ist zu erwarten, dass auch die Widerständigkeit in einer Art individualisierter, ‚passiver' Form Gestalt annimmt: Ich nehme mir eine Auszeit, eine AU. Ich gehe in die innere Immigration, ich mache Dienst nach Vorschrift. Das muss nicht nur defizitär gedeutet werden. Das hat auch etwas Widerständiges, angesichts von außen gesetzter und auch verinnerlichter, auf jeden Fall aber kritikwürdiger Arbeitsregime und geschlechtlicher Arbeitsteilung. Ich weiß noch nicht so recht, was wir damit machen können. Denn die Kehrseite dieser Art ‚passiven Widerstandes' ist, dass sie eben nicht befähigt, die konkreten Arbeits- und Lebensverhältnisse kollektiv zu verändern. Ich möchte aber zumindest über dieses Phänomen nachdenken, an den Orten, wo wir beruflich und politisch tätig sind. Kann das ein Motor für politische Aktivität werden? Oder ist das vor allem ein Motor, um die psychomedizinische Autorität über uns auszuweiten? Kann eine Übersetzung ins Politische auch von da aus gelingen? Was könnte das in den Gesundheitsbetrieben oder in einer gewerkschaftlichen Arbeit bedeuten? Frau Hauth hatte es gestern erwähnt, und das wäre ein kleiner Anfang, beispielhaft in einem betrieblichen Bereich: Es gibt gesetzlich sogar vorgeschriebene Instrumente wie den Arbeitsschutz und die Gefährdungsanalysen, die mal anders interpretiert werden könnten. Nicht die Steckdose oder der richtige Bürostuhl ist das Thema, sondern der Psychostress, der über Personalmangel, fehlende Demokratie in den Arbeitsbeziehungen usw. entsteht. Dem kann doch nur durch Verhältnisprävention begegnet werden und nicht Verhaltensprävention wie Yoga-Kurse, Gesundheitstage oder individuelle Beratungs- und Therapieangebote. Und im Übrigen, das möchte ich an dieser Stelle auch nochmal sagen, es gibt ganz viele Menschen, die schwere Lebenskrisen überstehen bis hin zum Tod von nahestehenden Menschen oder schwerer Krankheit – untherapiert! Sie gehen gestärkt aus dieser Situation heraus. Es gibt nicht nur therapie- und beratungsbedürftige Menschen. Was es nicht gibt, sind Menschen, die ohne Freunde und Freundinnen auskommen."

Ulrike Hauffe: „Den Begriff der Individualisierung und der kollektiven Formen möchte ich nochmal aufgreifen und mit dem Auditorium diskutieren. Welche Erfahrungen haben Sie?"

Publikum: „Bei uns im Müttergenesungswerk sind im Jahr etwa 50.000 Frauen, die eine Mütterkur oder eine Mutter-Kind-Kur machen. Die Frauen kommen mit schweren Erschöpfungszuständen. Sie haben in hohem Maße ‚F'-Indikationen. Sie haben aber keine Depression. Sie sind in hohem Maße medikalisiert. Das sind die Erfahrungen, die wir bei den Eingangsindikationen haben. Unsere Kurmaßnahmen sind ganzheitlich und frauenspezifisch. Ganzheitlich heißt, dass neben der Medizin immer die Sozialtherapie eine Rolle spielt. Da findet das statt, wovon Frau Schulz gesprochen hat: diese Wertschätzung für sich selber, das Erkennen und Wiederfinden der eigenen Stärke und Kräfte. Nicht mehr das

Gleiche machen. Anders mit den Belastungen und den Erkrankungen leben können. Die Ergebnisse zeigen deutlich – und das ist auch mit Studien belegt – weniger Medikamentenkonsum, bessere Beziehungsebene, weniger Arbeitsunfähigkeitstage, weniger Arztbesuche. Das sind relativ niedrigschwellige Maßnahmen, bei Frauen, die noch keinen ausgeprägten Krankheitswert haben. Ich wollte das nochmal sagen, weil wir gestern auch schon darüber gestolpert sind: Wohin mit diesen Frauen, die auch in den Arztpraxen landen, aber eigentlich keine Psychotherapie brauchen. Oder noch nicht. In den Beratungseinrichtungen des Müttergenesungswerks wird zu Kurmaßnahmen und zur Nachsorge beraten. Das ist übrigens auch nicht finanziert."

Anke Rohde: „Sie haben völlig recht mit den erwähnten Ergebnissen der Kuren. Diesen Effekt gibt es auch in der Verhaltenstherapie. Aber auch Sie haben recht: Wenn die Frauen gestärkt sind, einen anderen Weg finden, bedeutet das in der Praxis manchmal, dass sie sich von ihrer Arbeitsstelle trennen, weil der Arbeitgeber nicht bereit ist, sich von seinen Bedingungen zu trennen. Insofern bleibt die Frage: Wie kann man das politisch anders lösen?"

Publikum: „Ich arbeite in einem kleinen Verein in Bremen, in einem Stadtteil mit Menschen aus sozio-ökonomisch schwierigen Situationen. Seit 30 Jahren werden wir vom Senator für Gesundheit finanziert. Wir bieten von Anfang an konzeptionell eine Kombination offener, niedrigschwelliger und individueller Beratung sowie struktureller Gesundheitsförderung an. Letzteres heißt: Wir vernetzen uns und andere umfassend im Stadtteil. Dadurch erreichen wir Frauen, auch Migrantinnen, die niemals in irgendeine Beratungsstelle gehen würden, obwohl sie oft in sehr gewalttätigen und abhängigen Beziehungen leben. Wir kooperieren mit Schulen und anderen Einrichtungen, um mit Kindern in Kontakt zu kommen. Gerade versuchen wir eine Koordination über einen Präventionsrat, um die Themen des Stadtteils und der Frauen auch gegen viele Widerstände in die Politik zu tragen. Ich hoffe, das wird uns auch gelingen."

Publikum: „Wo kann ich Support bekommen? Ich möchte da die Psychoonkologie erwähnen. In Köln gibt es das Haus ‚Lebenswert', das gar nicht in erster Linie psychologisch geleitet wird, sondern von Menschen, die eine Krebserkrankung hatten. Sie bilden z. B. einen Chor, malen miteinander. Sie stärken sich gegenseitig, ohne dass es eine therapeutische Begleitung gibt. Das wird zum Teil durch Spenden finanziert, zum Teil über die Stadt und auch die Klinik. Ein anderer Punkt, auf den ich hinweisen wollte: Gerade in der Psychoonkologie wird die Doppelzüngigkeit der Krankenkassen deutlich. Seit über zehn Jahren gibt es diese Disease Managment-Programme (DMP). In diesem DMP wird eine psychoonkologische Begleitung gefordert, für die aber gar keine Finanzierung vorgesehen ist. Man muss sofort eine ‚F'-Ziffer bringen. Man muss also Menschen, die eh schon geschädigt sind, auch noch zusätzlich psychisch beschädigen, damit man das überhaupt abrechnen kann. Wir fordern seit Jahren von den Krankenkassen und der Kassenärztlichen Vereinigung ein Kontingent von zum Beispiel zehn Beratungseinheiten in der Tumornachsorge. Das sind rund fünf Jahre, in denen Frauen diese zehn Stunden in Anspruch nehmen könnten, wenn sie Bedarf für sich sehen, weil sie vielleicht ein Rezidiv haben oder wenn sie wieder arbeiten gehen wollen."

Publikum: „Ich bin praktische Ärztin in Brüssel und leite das FFGZ dort. Wir haben eine ganz radikale Entscheidung getroffen. Um ehrlich zu sein, hat das wahrscheinlich auch mit unserem finanziellen Notstand zu tun. Wir bekommen Subventionen, aber die sind immer ganz prekär. Das hat aber auch mit einer feministischen Analyse des Gesundheitswesens, der Arzt-Patientinnen-Beziehung zu tun. Das ist immer auch eine Frage der Domination, der Hierarchie. Kurz und gut: Wir und andere Organisationen auch haben uns entschieden, mit Frauen ausschließlich in Gruppen zu arbeiten – selbst wenn die psychischen, sozialen und materiellen Probleme groß sind. Das ist wirklich unsere Idee von Resilienz. Jede Frau ist Expertin ihres Lebens, und jede Frau hat die Möglichkeit, auch andere Frauen zu beraten und ihnen beizustehen."

Publikum: „Unsere feministische Frauenorganisation in der Wallonie in Belgien hat eine Untersuchung zur *santé mental* gemacht. Wie bei Frau Schulz sind sehr viele unserer Frauen ausgegrenzt. Auch wir haben nur in Gruppen gearbeitet. Die Frauen haben ihre Situation selbst analysiert und ihre politischen Fragen und Forderungen selbst bei der Krankenversicherung vorgetragen. Wir haben genau das untersucht. Die Frauen selber sagen, das hat mich unterstützt, das ist gut für uns, darauf sind wir stolz."

Ulrike Hauffe: „Ich würde gerne die letzte Runde mit dem Podium einläuten mit der Frage: Wo kann der AKF, der mehr und mehr im politischen Feld als sachverständige Organisation gefragt ist, aktiv werden? Wo ist eine Warnung oder Sorge angebracht, wie vorhin zum Beispiel von Erika Feyerabend formuliert?"

Anke Rohde: „Angeregt durch die letzten Beiträge: Wenn Sie herausfinden, wie all diese Aktivitäten sich finanzieren lassen, dann lassen Sie es mich bitte wissen. Das ist sehr wichtig. Bei Lebenskrisen und schwierigen Lebenssituationen würde ich möglichst daraufhin arbeiten, niedrigschwellige Beratung anzubieten mit einem psychotherapeutischen Anteil. Das ist Prävention, die nicht ausreichend finanziert wird und die verhindern kann, dass sich aus einer Anpassungsstörung eine Depression oder Traumatisierung entwickelt."

Dagmar Hertle: „In der Diskussion ist sehr deutlich geworden, dass es sowohl Über-, Unter- und Fehldiagnosen sowie Unter- und Fehlversorgung gibt. Aus meinem Blickwinkel der Qualitätssicherung wünsche ich mir, dass sich der AKF an Stellen einmischt, wo Qualität definiert wird. Was ist eigentlich eine frauenspezifische Qualität? Jeder will Qualität, aber keiner sagt genau, was er will. Der AKF sollte sagen, was für uns Frauen an welcher Stelle Qualität ist, dies auch vertreten und sich – so trocken das sein mag – mit der Datenlage und deren Auswertung beschäftigen, auch damit, welche frauenspezifischen Informationen wir brauchen. Wir brauchen auch eine Grundlage dafür, wo die Informationslücken sind, wo bestimmte Daten zur Verfügung gestellt werden müssen, auf die wir unsere Forderungen aufbauen."

Rike Schulz: „Viele Symptome sind noch keine Diagnose und heutzutage ist eine Diagnose noch keine Krankheit. Wir sollten uns die Symptome viel mehr anschauen und danach fragen, wie es den Frauen geht. In Berlin gibt es jetzt eine Selbsthilfegruppe zu Einsamkeit. Diese Selbsthilfe ist eben nicht auf eine Diagnose bezogen, sondern darauf, wer sich einsam fühlt. Was macht das und was wollen wir daran ändern? Was tut uns gut? Ich meine, wir sollten den Präventionsgedanken früher ansetzen, nicht erst, wenn sich die Lage schon in Richtung Krankheit entwickelt."

Petra Thürmann: „Ich würde mich nicht mit Pharmakologie beschäftigen, wenn ich alles nur ganz schlecht finden würde. Ich meine nur, man sollte Medikamente im richtigen Moment einsetzen. Ich habe draußen am Stand eine nette Karte von ‚Treffpunkt Krebs' gefunden. Abgebildet ist eine Frau mit Infusionsständer vor dem Stationszimmer im Krankenhaus und die fragt: ‚Was sind denn das für Medikamente?' In einer Sprechblase hört man Arzt oder Ärztin sagen: ‚Die richtigen. Nerv!' Das meine ich. Ich möchte dazu ermuntern, in Selbstbeteiligung kritisch nachzufragen. Das ist auch etwas für den Arbeitskreis Frauengesundheit (AKF): Empowerment für Frauen und Männer, richtig mit Medikamenten umzugehen, die Sprache der Gesundheitsprofessionellen zu verstehen und hartnäckig nachzufragen."

Erika Feyerabend: „Ich bin jetzt mal ‚destruktiv'. Wir müssen nicht immer Lösungen haben, vor allem keine machbaren. Machbar heißt doch, unter den gegebenen Bedingungen und Voraussetzungen, in unserer Diskussion des Gesundheitswesens, die dafür erst einmal akzeptiert werden müssen. Ich meine, es sollte unsere Aufgabe sein, von oben, unten, seitwärts, außen und innen auf dieses Gesundheitswesen zu schauen, in dem es keinen einzigen Ort gibt, der nicht durch Macht- und Geldbeziehungen bestimmt ist. Das führt leider gelegentlich in die Ohnmacht. Deren Gegenpart, wie wir heute gelernt haben, ist die Macht. Ich finde es spannend, Orte der Verweigerung zu suchen und auszumachen und nicht einfach als mangelnde Anpassung, Krankheit oder irgendeine Vorform von Krankheit oder fehlender Bewältigung von Lebensproblemen zu interpretieren. Was können wir mit diesem Verhaltensrepertoire anfangen? Was steckt an Potenzial für kollektivere Verweigerung in diesen Reaktionen auf, ich würde sagen, unhaltbare Zustände. Rezepte dafür gibt es nicht, auch keine Schulungen. Es gibt aber politische Neugierde, Suchbewegungen und *‚Denken ohne Geländer' (Hannah Arendt).*"

Was bedeutet die zunehmende Verordnung von Psychopharmaka?

Ulrike Hauffe: „Ich glaube, die Chancen des AKF liegen darin, die vielen Ebenen miteinander zu verknüpfen: Die Fragen individueller Versorgung, kollektiven Widerstandes und politischer Verbindungen. Dazu gibt es in diesem Verein überall Fachkompetenzen. Vielen Dank!"

Zu den Personen

Ulrike Hauffe ist Dipl. Psychologin, Psychotherapeutin, Supervisorin, seit 1994 Bremer Landesfrauenbeauftragte und Leiterin der Bremischen Zentralstelle für die Verwirklichung der Gleichberechtigung der Frau (ZGF), Mitglied des Verwaltungsrats der BARMER GEK und Vorsitzende des Ausschusses „Prävention, Versorgung, Rehabilitation und Pflege", Mitglied im Nationalen Netzwerk Frauen und Gesundheit, Mitglied im Ausschuss Nationale Gesundheitsziele (GVG), Mitglied im Kuratorium des Müttergenesungswerks, Mitglied im AKF (Arbeitskreis Frauengesundheit in Medizin, Psychotherapie und Gesellschaft e.V.), Mitglied der beratenden Arbeitsgruppe „Frauengesundheit und Gesundheitsförderung in der BZgA", Vorsitzende des Ausschusses für Frauen- und Gleichstellungsangelegenheiten des Deutschen Städtetages.

Erika Feyerabend ist Magister Sozialwissenschaftlerin, arbeitet als freie Wissenschaftsjournalistin und ist seit Jahren im biopolitisch ausgerichteten Verein „Bioskop – Forum zur Beobachtung der Biowissenschaften" engagiert sowie im wissenschaftlichen Beirat der Hospizvereinigung Omega – mit dem Sterben leben e.V.. Schwerpunkte ihrer Arbeit: Genetik und Pränataldiagnostik, Organtransplantation, Palliative Betreuung

---

Dr. med. Dagmar Hertle ist Fachärztin für Innere Medizin/Psychotherapie/Ärztliches Qualitätsmanagement. Langjährige Tätigkeit in

Klinik (Innere Medizin, Psychiatrie) und Praxis (hausärztliche Internistin)und bei einer großen Krankenversicherung. Seit 2010 Projektleiterin im BQS-Institut für Qualität und Patientensicherheit in Düsseldorf. Dort u.a. befasst mit Projekten zur Gesundheitsberichterstattung von Krankenkassen, Qualitätssicherung in der Rehabilitation (insbesondere der geriatrischen Reha), Patient/innenbefragungen, Beratung der Patient/innenvertreter/innen im G-BA sowie Gutachten für das Bundesministerium für Gesundheit zu Pay for Performance im Gesundheitswesen und zur Rehabilitation pflegender Angehöriger.

—

Universitätsprofessorin Dr. med. Anke Rohde ist Fachärztin für Psychiatrie, Psychotherapie (VT) und Nervenheilkunde. Seit 1997 Leiterin der Gynäkologischen Psychosomatik am Zentrum für Geburtshilfe und Frauenheilkunde des Universitätsklinikums Bonn. In diesem Kontext gemeinsam mit den Mitarbeiterinnen (psychologische Psychotherapeutinnen) Diagnostik und Behandlung von Frauen mit verschiedenartigen Problembereichen, z.B. Depressionen und andere psychische Störungen in Schwangerschaft und Postpartalzeit, prämenstruelles Syndrom, psychische Probleme im Klimakterium, depressive Reaktionen bei ungewollter Kinderlosigkeit, nach Fehl- und Totgeburt, Schwangerschaftsabbruch, bei malignen Erkrankungen, unklare Unterbauchbeschwerden, Sexualstörungen und Transsexualität.

—

Rike Schulz ist Mitarbeiterin des FFGZ e.V. Berlin. Beratung, Vorträge, Seminare zu Frauengesundheitsthemen, insbesondere zu Stimmungsschwankungen/Depressionen, gesundem Schlaf, erwerbslose Frauen und Gesundheit. Clio-Autorin (die Zeitschrift des FFGZ Berlin für Frauengesundheit). Systemische Therapeutin (DGSF), Schwerpunkt: sexualisierte Gewalt, Essstörungen, Ängste, Stimmungsschwankungen/Depressionen. Wendo-Trainerin, Selbstbehauptung und Selbstverteidigung für Mädchen, Frauen, Trans*. Schwerpunkte: Prävention von/Umgang mit sexualisierter Gewalt; Angebote für Teilnehmerinnen mit unterschiedlichen Behinderungen. Buchpublikation: „Gene, mene, muh, raus musst Du – Von der Rassenhygiene zu den Gen- und Reproduktionstechnologien", AG SPAK.

—

Professorin Dr. med. Petra Thürmann: Nach dem Studium der Humanmedizin bis 1985 an der Johann Wolfgang Goethe-Universität in Frankfurt schloss Prof. Dr. med. Petra A. Thürmann die Weiterbildung zur Ärztin für Klinische Pharmakologie am gleichnamigen Institut in Frankfurt ab. Sie habilitierte dort 1997 und wurde im selben Jahr Direktorin des Philipp Klee-Instituts für Klinische Pharmakologie am HELIOS Klinikum Wuppertal und 1998 auf den Lehrstuhl für Klinische Pharmakologie an die Universität Witten/Herdecke berufen. Sie ist u.a. Mitglied in der Arzneimittelkommission der deutschen Ärzteschaft sowie im Sachverständigenrat zur Begutachtung der Entwicklung im Gesundheitswesen. Forschungsschwerpunkte sind Arzneimitteltherapiesicherheit, geriatrische Pharmakotherapie (PRISCUS-Liste) und Geschlechterunterschiede in der Pharmakotherapie.

Schlussworte: Bilanz der Tagung

Dr. med. Dagmar Hertle

Ich möchte zu allererst allen danken, die trotz der widrigen Umstände gekommen sind, trotz des Streiks, trotz der Staus, trotz weiter Wege. Ich habe aber auch Verständnis für diejenigen, die etwas früher gehen müssen. Nochmals auch Dank an die Vorbereitungsgruppe hier in Köln, die eine ganz tolle und interessante Tagung organisiert hat. Soweit ich es überblicken kann, hat es sich auch sehr bewährt, die Tagung einmal nicht in Berlin abzuhalten, auch wenn die Anreise für die Berlinerinnen dieses Mal weit gewesen ist. Aber ich glaube, es war eine gute Entscheidung. Es sind viele Frauen hier aus der Umgebung gekommen, die vielleicht noch nicht AKF-Mitfrauen sind und von denen wir hoffen, dass sie es werden und zur nächsten Tagung bereit sind, andere Orte aufzusuchen.

Für mich war es eine sehr schöne, eine sehr berührende Tagung mit einigen Highlights. In Zeiten zunehmender „Burnout"-Diagnosen haben wir uns mit einem sehr wichtigen Thema beschäftigt: „Selbstoptimierung bis zur Erschöpfung" und Zusammenhänge hergestellt zwischen gesellschaftlichen Umständen, Ansprüchen und persönlichem Mitwirken an unserer allgegenwärtig drohenden Erschöpfung. Wir wären nicht AKF-Frauen, wenn wir dabei nicht besonders auch die Widerstandskräfte von Frauen und deren Mobilisierung in den Blick genommen hätten, insbesondere auch Kräfte, die aus der Verschiedenheit und dem Austausch von Frauen resultieren. Neben den sehr spannenden Vorträgen sind daher für mich immer wieder – und nicht zuletzt – die Diskussionsbeiträge der Frauen, die aus ganz unterschiedlichen Richtungen und Perspektiven kommen, sehr interessant und bereichernd. Dafür danke ich Ihnen, dass Sie sich beteiligen und einmischen und uns ins Gespräch miteinander bringen und weiter so aktiv an der Tagung teilnehmen. Mir ist es ein großes Anliegen, das auch so fortzuführen, dass diese Diskussionsräume auch weiterhin bestehen. Ich glaube, das ist ein ganz wichtiger Bestandteil, der diese Tagung von anderen Tagungen deutlich unterscheidet.

Ein Highlight – ich war selbst nicht da – ist wohl auch die Visitenkarten-Party gewesen. Das war eine ganz tolle Idee von der Vorbereitungsgruppe. Es haben sich sehr viele Frauen eingefunden, die neue Gruppen gründen möchten, u. a. das Junge Forum, das wir sehr gerne sehr unterstützen möchten. Wir werden all diese Gruppen und diejenigen, die dort aktiv sein wollen, sammeln und in ihren Vorhaben unterstützen und freuen uns sehr, dass Sie sich zusammengefunden haben.

Ich weise dann noch hin auf die nächste Tagung, die traditionsgemäß am ersten Wochenende im November stattfinden wird. Die Tagung wird wieder in Berlin sein. Der bisherige Arbeitstitel ist „Was macht Frauen gesund, was erhält Frauen gesund?". Es soll einerseits darum gehen, wie Frauengesundheit uns verkauft wird – auch wieder im Sinne der Optimierungsansprüche, die an uns gestellt werden, und welche Bilder in der Gesellschaft kursieren – und andererseits darum, wie wir selber Frauengesundheit definieren. Was wünschen wir uns? Es werden unter diesem Dach Themen angesprochen wie „Die Patientin im Mittelpunkt". Was heißt das? Sind das meine Gene, die im Sinne einer personalisierten Medizin mich als genetisches Individuum in den Mittelpunkt stellen? Oder sind das Entscheidungsprozesse, in denen ich eine besondere Rolle einnehmen soll oder darf? Ansonsten wird es um diverse Aspekte der Versorgung gehen. Ich weiß, dass der Versorgungsbegriff umstritten ist, weil er impliziert, versorgt werden eben hilflose, „arme" Frauen. Das ist damit nicht gemeint. Wir

Schlussworte: Bilanz der Tagung

haben noch kein besseres Wort gefunden, wenn ich jetzt von Versorgungsstrukturen, Versorgungswissen, Versorgungsqualität spreche. Aber das werden die Themen sein: Welche Wissensbereiche haben wir von evidenzbasierter Medizin, über Erfahrungswissen, komplementärmedizinische Ansätze, psychotherapeutisches Wissen zur Gesundheit von Frauen? Aber auch wie Versorgungsstrukturen und Frauengesundheit sich gegenseitig beeinflussen. Es ist ja nicht nur so, dass bestimmte Strukturen bestimmte Voraussetzungen für bestimmte Maßnahmen bilden, sondern auch umgekehrt: bestimmte Strukturen führen dazu, dass bestimmte Maßnahmen gemacht werden, vielleicht auch zu viel gemacht werden. Versorgungsqualität, das ist mein persönliches Steckenpferd, das möchte ich gerne in der nächsten Tagung wiederfinden.

Ich würde mich sehr freuen, wenn ich Sie dann alle wiedersehen würde und noch weitere Frauen, die Sie mitbringen. Ich bin sehr berührt und freue mich besonders, dass ich hier als neue 1. Vorsitzende zu Ihnen sprechen konnte. Ich bin gespannt auf Ihre Anregungen und Ihr Mitwirken. Ich sage Ihnen dann, wann ich „ins Neutrum", in die Erschöpfungsphase komme, weil es zu viel wird. Damit beziehe ich mich auf die letzte Referentin, die zum Thema „Müdigkeit" gesprochen hat, ein weiteres Highlight dieser Tagung, das mich sehr entspannt hat, mich aber auch darauf aufmerksam gemacht hat, wie selten wir im Alltag müde sein dürfen. Auch dafür möchte ich mich bedanken, für die Möglichkeit hier beim AKF neben und inmitten der vielen Aktivitäten auch einfach nur da sein zu können, miteinander sein zu können. In diesem Sinne machen wir weiter!

Ich wünsche allen eine gute Heimreise. Gerne nochmal „standig ovations" für die Vorbereitungsgruppe hier aus Köln.

Zur Person

Dr. med. Dagmar Hertle ist Fachärztin für Innere Medizin/Psychotherapie/Ärztliches Qualitätsmanagement. Langjährige Tätigkeit in Klinik (Innere Medizin, Psychiatrie) und Praxis (hausärztliche Internistin) und bei einer großen Krankenversicherung. Seit 2010 Projektleiterin im BQS-Institut für Qualität und Patientensicherheit in Düsseldorf, dort u. a. befasst mit Projekten zur Gesundheitsberichterstattung von Krankenkassen, Qualitätssicherung in der Rehabilitation (insbesondere der geriatrischen Reha), PatientInnenbefragungen, Beratung der PatientInnenvertreterInnen im G-BA sowie mit Gutachten für das Bundesministerium für Gesundheit zu Pay for Performance im Gesundheitswesen und zur Rehabilitation pflegender Angehöriger.